Voix de l’écho

Du même auteur

Lettres du symptôme. Versions de l'identification,
Toulouse, érès, 2010.

Des fondements de la clinique psychanalytique,
Toulouse, érès, 2008.

Transmettre la clinique psychanalytique.
Freud, Lacan, aujourd'hui, Toulouse, érès, 2005.

Jacques Lacan, un psychanalyste. Parcours d'un enseignement,
Toulouse, érès, 2000.

Les noms du père chez Jacques Lacan.
Ponctuations et problématiques, Toulouse, érès, 1997.

Freud, Fließ. Mythe et chimère de l'autoanalyse,
Paris, Anthropos, Économica, 1996.

La théorie Bacon-Shakespeare de Georg Cantor.
Présentation et rassemblement des textes,
Toulouse, érès, coll. « GREC », 1996.

Le moment cartésien de la psychanalyse.
Lacan, Descartes, le sujet,
avec A. Soulez,
Strasbourg, Arcanes, 1996.

Vol d'idées ? Wilhelm Fließ, son plagiat et Freud,
Paris, Denoël, 1994.

Le compter trois. Le temps logique de Lacan,
Toulouse, érès, 1989.

Erik Porge

Voix de l'écho

Préface de Claude Jaeglé

éditions érès

Je remercie Paul Alérini et Sophie Aouillé pour leur lecture ainsi que Claude Jaeglé dont l'encouragement fut décisif.

Conception de la couverture :
Anne Hébert

ISBN : 978-2-7492-3483-0
CF - 2000

33, avenue Marcel-Dassault, 31500 Toulouse
www.editions-eres.com

Préface

Il est passionnant d'assister à la naissance d'un concept. Erik Porge ne revendique pas ce terme pour ce qu'il nomme avec prudence une « expression », une « formule », une hypothèse qu'il entoure d'un humble conditionnel. Le but de l'auteur est d'éclairer la pratique analytique et non d'ajouter une occurrence au dictionnaire de philosophie. En ce sens, il s'agit moins pour lui de produire une définition conceptuelle que de rendre visible une structure – celle de la voix –, en préservant l'ouverture formelle qui rendra son appréhension utile avant tout au travail de l'analyste. D'autant qu'un spectre hante le « stade de l'écho » : celui de son ancêtre illustre, le « stade du miroir », dont la nature conceptuelle reste elle-même discutée. Si Erik Porge reprend le terme de « stade », c'est peut-être que l'image sonore d'un grand concept a quelque chose de stimulant, mais c'est surtout que le « stade de l'écho » semble l'envers de ce temps d'appropriation et de confirmation que le « stade du miroir » offre au sujet par la perception de son image redoublée. Aussi est-il pertinent de mettre en relation ces deux moments narcissiques en tant que « stades », notion riche d'une problématique dont Porge élargit la teneur en lui ajoutant une composante inédite : celle d'espace de jeu.

Si cet essai nous semble néanmoins comme le lieu de naissance d'un concept, c'est d'abord qu'il assume le risque et le bonheur de l'invention. Erik Porge fait un bond de côté salvateur hors des réitérations qui, souvent, limitent la pensée de la voix à une reprise de schèmes structuraux finissant par détruire tout intérêt pour la manifestation vocale empirique. C'est ensuite qu'il parvient à unir les phénomènes d'invocation – cri, voix, silence, appel à l'autre – dans une représentation théorique originale et qu'il donne à ce coup de dés la voix définie comme « écho » de la voix, un nom qui se fixe aussitôt dans la pensée avec l'attrait d'une instrumentation novatrice.

Si l'on en juge par le peu d'ouvrages de psychanalyse qui lui sont consacrés, la pensée de la voix a été, au moins en France, historiquement délaissée. « Sur le divan [...], c'est souvent par une modification dans l'ordre de la voix que nous percevons que quelque chose, dans l'ordre du désir, a été touché [...] », constate Denis Vasse, mais « on n'en parle pas souvent [1] ». L'histoire de cette négligence reste à écrire, à commencer par le peu de temps consacré par Lacan lui-même à la « pulsion invocante » et à « l'affect auriculaire ». Erik Porge

1. D. Vasse, *L'arbre de la voix*, Paris, Bayard, 2010, p. 55 et 59.

établit l'historique de la conception lacanienne de la voix comme objet pulsionnel et en ordonne utilement les composantes. Mais dans ce trajet, il patiente devant des faits négligés. La pensée psychanalytique retient par exemple des *Métamorphoses* d'Ovide la figure d'un Narcisse amoureux de son image contemplée dans l'eau, fixant par là même le narcissisme au regard et à la vision. Or le texte d'Ovide illustre non seulement un redoublement de l'image de Narcisse dans l'eau, mais un redoublement de sa voix dans celle de la nymphe Écho. Erik Porge en tire d'importantes hypothèses concernant un écho qui précède la voix elle-même au lieu d'en être le redoublement consécutif. Tout un débat devrait en découler car si l'antériorité de l'expérience de la voix sur celle du regard, dans la vie de l'enfant, a été proposée, c'était pour assimiler ce temps d'identification vocale à l'identification narcissique permise par l'expérience du miroir[2]. Porge les distingue fondamentalement, au contraire. La voix est non seulement un contrepoint au visuel, en opposition différentielle avec le champ du regard, mais se trouve d'abord en contrepoint avec elle-même de manière bien plus troublante.

Si Erik Porge se sent autorisé à soutenir cette distinction jusqu'au bout, c'est sans doute qu'il possède quelque chose de plus que beaucoup d'auteurs et de psychanalystes : il chante faux. Mais vraiment faux, rien à faire. Dans sa vie, cette expérience a été

2. C'est par exemple la position de Mladen Dolar dans un essai par ailleurs inspirant, *Une voix et rien d'autre*, Caen, Éditions Nous, 2012, p. 51.

durable et décevante. Porge aurait bien aimé chanter juste et pouvoir s'adonner plus intimement à son goût pour la musique, mais il lui a fallu déchanter au contraire. Quelque chose, dans sa voix, n'a jamais cessé de porter atteinte au désir d'entendre la justesse de son goût musical confirmée par la faculté de chanter juste. Ce manque de confirmation, cette étrange infidélité de la voix au désir de chanter du mélomane, l'auteur nous montre qu'ils sont essentiels pour caractériser la structure de l'objet voix et son expérience subjective. Il est plus juste de chanter faux si l'on veut rendre audibles la dissonance propre au fait vocal et le malaise qui en résulte dans la perception du sujet par lui-même. Le sonore et ses modulations plaisantes ou déplaisantes sont d'intéressantes occasions de réfléchir à la structure aphone de la voix. D'autant qu'un second élément retient son attention : chanter faux ne relève pas d'une cause organique. Le retour intempestif de fausses notes dans la voix vient non pas d'une déficience physiologique mais, nous le comprenons peu à peu au fil de son enquête, d'un écart irréductible entre écouter, s'écouter et se faire écouter. Entre entendre, s'entendre et se faire entendre. D'une manière ou d'une autre, chaque sujet fait l'expérience de méconnaître quelque chose de sa propre voix, d'en souffrir l'équivoque et d'endurer la scission que cette méconnaissance provoque dans l'identité subjective. Chanter faux, entendre des voix, ne pas reconnaître sa voix quand elle est enregistrée sont autant d'expériences sonores par lesquelles l'individu est à l'épreuve d'une identité non confirmée de la voix. Chanter faux n'est qu'une des manifestations de cette fatalité qui hante la voix : être sans cesse une copie non conforme d'elle-même.

L'auteur montre enfin que le trajet spécifique de la pulsion invocante modifie en retour le schéma général des autres pulsions sexuelles. La structure en écho est non pas une caractéristique additionnelle, propre au seul objet voix, mais, comme Lacan le laissa entendre dans un passage de son séminaire repéré par l'auteur, une donnée caractérisant les autres pulsions elles-mêmes. Ainsi, dernier arrivé, le « stade de l'écho » vient repréciser tout le champ des pulsions qui le précède, ce qui lui donne une valeur opératoire bien au-delà de la seule vocalisation – ce n'est pas la moindre leçon de cet essai.

Si l'on estime la qualité d'une idée par le nombre d'hypothèses et d'idées qu'elle engendrera à son tour, il me semble que le concept de « stade de l'écho » est promis à un bel avenir. Reste une question inéluctable : les auteurs qui chantent juste risquent-ils d'avoir une fausse conception de la voix ? Nous ne pouvons l'affirmer mais, à vrai dire, ce ne serait que justice.

Claude Jaeglé

Écho, Alexandre Cabanel, 1874.

Introduction

Dans la version transmise par Ovide, le mythe d'Écho est entrelacé avec celui de Narcisse. Pourtant la postérité a relégué au second plan Écho pour braquer ses projecteurs sur Narcisse [1]. La psychanalyse, avec la notion de narcissisme, y a largement contribué et continue de le faire. Sans doute est-ce la vérité même du mythe de nous faire entendre que la voix d'Écho aura du mal à se faire entendre.

Le « monologue à deux voix » de Narcisse et d'Écho est « comme l'épine plantée au cœur de toute théorie de la communication », « elle ne tient plus qu'à un son, en quoi elle réalise son destin d'antonomase [2] ». Un destin qui du coup a su inspirer les poètes pour une nouvelle forme de poésie : les vers en écho, auxquels

1. Signalons cependant le dernier opéra de Christoph Willibald Gluck, *Écho et Narcisse* (1779).

2. P.-L. Assoun, *Le regard et la voix*, t. II, Paris, Éd. Economica, 1995, p. 71-72.

Étienne Tabourot a consacré un chapitre de son livre en 1583[3] et dont Victor Hugo a perpétué la tradition *(Odes et ballades)*.

Redonner voix à Écho en introduisant un stade de l'écho va au-delà de l'hommage littéraire. En prenant appui sur la valeur du mythe comme mise en récit de la structure, il s'agit de cerner l'espace-temps topologique de la voix dans la pulsion invocante. Cette voix que Socrate appelait son *daimonion* : « Les débuts en remontent à mon enfance : c'est une voix qui se fait entendre de moi et qui chaque fois que cela arrive me détourne de ce qu'éventuellement je suis sur le point de faire mais qui jamais ne me pousse à l'action » *(Apologie de Socrate)*.

Selon Lacan, c'est cette voix qui soutient l'*atopia* de Socrate. « Nul sentiment tragique, comme on s'exprime de nos jours, ne soutient l'*atopia* de Socrate, seulement un démon. Ne l'oublions pas ce *daimon* car il nous en parle sans cesse. Ce démon l'hallucine, me semble-t-il, pour lui permettre de survivre dans cet espace [de l'entre-deux morts] et l'avertit des trous où il pourrait tomber[4]. » Lacan identifiera par la suite cet espace à celui de l'objet *a*, dont la voix est une forme.

C'est donc bien d'une structure topologique qu'il s'agit avec le stade de l'écho et non de la fixation d'une étape de développement. Le mot stade fait référence au stade du miroir au cours duquel il faut aussi prendre en

3. É. Tabourot, *Les bigarrures du seigneur des accords*, Genève, Slatkine reprints, 1969, chap. 16.
4. J. Lacan, *Le transfert*, Paris, Le Seuil, 2001, p. 104.

compte la voix et la pulsion invocante qui l'excèdent et le précèdent. Parler d'un stade de l'écho est une façon de regrouper des faits déjà connus et d'établir des liens entre eux afin de les faire entendre autrement.

La pulsion invocante occupe une place privilégiée dans la pratique de la psychanalyse du fait du dispositif dissymétrique entre l'analyste et l'analysant, entre l'écoute et le silence de l'attention également en suspens côté analyste et la parole livrée aux idées incidentes côté analysant. On peut aussi dire que l'écho participe de l'interprétation analytique dans la mesure où, pour que celle-ci opère, « il faut qu'il y ait quelque chose dans le signifiant qui résonne[5] ». La raison est *réson*. L'écho, sans que sa présence soit facilement localisable et sans doute pour cela, fait résonner la parole ; à ce titre il peut, dans le langage, se confondre avec elle. Par exemple dans la phrase : « Lecteur ! Écoute mes paroles de prudence. Cache-toi au plus profond de ta cave, ayant rampé vers un tonneau cerclé de fer et n'élève pas vers moi l'écho affaibli de tes protestations[6]. »

Le stade de l'écho représente aussi un appui autre à l'abord des phénomènes cliniques en rapport avec la voix. Par exemple, il s'agit de ne pas réduire l'écholalie dans l'autisme à la seule illustration d'un stade du miroir qui se constituerait hors parole.

Pourtant, il est surprenant, comme l'a suggéré Alain Didier-Weill, que Lacan, malgré tout ce qu'il a dit

5. J. Lacan, *Le sinthome*, Paris, Le Seuil, 2005, p. 17.
6. H. Michaux, « Cas de folie circulaire », dans *Œuvres complètes*, t. I, Paris, Gallimard, coll. « La Pléiade », p. 4.

sur la voix, n'ait fait qu'« effleurer » les questions afférentes à la pulsion invocante[7].

Dans un premier temps je retracerai l'émergence chez Lacan de la voix comme objet *a*. Elle est particulière en ceci qu'elle a son paradigme dans les voix de l'automatisme mental et dans le surmoi. La nomination de la voix comme objet *a* permet en retour un abord nouveau des phénomènes cliniques qui en sont à l'origine.

Promue comme objet *a*, la voix est en même temps incluse, au fil du temps et après quelques tâtonnements, dans une liste, finie, de quatre objets *a*. La structure de groupe de ces objets est une donnée sur laquelle on fait trop souvent l'impasse et qui est pourtant essentielle pour penser en termes de structure et non de développement. Ce sera l'objet de ma deuxième partie.

Enfin, je présenterai les arguments en faveur de l'existence d'un stade de l'écho en partant des caractéristiques de la pulsion invocante, notamment l'existence de deux sources pulsionnelles, la bouche et l'oreille, ainsi que de son privilège par rapport aux autres pulsions dans la mesure où, selon Lacan lui-même, elle est la plus proche de l'expérience de l'inconscient.

---

7. A. Didier-Weill, *Invocations. Dionysos, Moïse, saint Paul et Freud,* Paris, Calmann-Lévy, 1998, p. 12.

L'inclusion de la voix dans la liste des objets a

Il est remarquable que Lacan ait inclus la voix dans la liste des objets *a* avant le regard et surtout qu'il l'ait fait à partir des voix hallucinées et du surmoi.

L'événement eut lieu au cours de son séminaire *Le désir et son interprétation* lors de la séance du 20 mai 1959. L'isolement du regard comme objet *a* se fera, lui, en 1964 dans *Les quatre concepts fondamentaux de la psychanalyse.*

Avec ce dernier « objet » Lacan clôt à quatre le nombre des objets *a* que sont donc le sein, les fèces, la voix, le regard. L'objet oral et l'objet anal avaient déjà été isolés par les analystes depuis Freud, notamment Karl Abraham et Melanie Klein, en tant qu'objets « prégénitaux », partiels ou plutôt objets d'amour partiel. Toutefois ils l'avaient été surtout dans une perspective génétique de stades de développement, convergeant vers une pulsion génitale censée, selon Freud, les unifier dans *die ganze sexual Strebung* (l'aspiration sexuelle totale), ce que Lacan conteste[1]. Les pulsions sexuelles sont des pulsions partielles, et partielles d'aucune totalité. Elles sont *pas-toutes*. Si ce tout existait cela signifierait qu'il y aurait un rapport sexuel (entre un tout masculin et un tout féminin) inscriptible, ce que contredit Freud par ailleurs. La libido est « couleur-de-vide[2] ».

Sein, fèces, voix, regard sont des objets libidinaux rassemblés dans la synchronie de la structure du sujet à l'Autre et où interviennent notamment les fonctions de la jouissance – pour laquelle ils incarnent un plus-de-jouir –, du besoin, de la demande, du désir. Au début, Lacan a inclus le phallus dans sa liste des objets *a*, mais ce ne fut pas pour en faire un lieu d'unification.

La séance du 20 mai 1959 du *Désir et son interprétation* a été préparée par un certain nombre d'étapes, parmi lesquelles j'en retiendrai deux importantes : d'abord la recherche sur la psychose et les hallucinations verbales dans le séminaire *Les psychoses* et l'article « D'une question préliminaire… », ensuite l'écriture de la formule du fantasme ($\$ \lozenge a$) et son positionnement sur le graphe, dans les séminaires *Les formations de l'inconscient* puis *Le désir et son interprétation*.

C'est dans ce dernier séminaire qu'une boucle semble se fermer pour inventer la voix comme objet *a*. Lacan part donc d'une étude des voix dans la psychose pour y revenir avec la voix comme objet *a*.

---

1. S. Freud, *Métapsychologie*, Paris, Gallimard, 1968, p. 41 ; J. Lacan, *Les quatre concepts fondamentaux de la psychanalyse*, Paris, Le Seuil, 1973, p. 160.
2. J. Lacan, *Écrits*, Paris, Le Seuil, 1966, p. 851.

L'EXEMPLARITÉ DE L'HALLUCINATION VERBALE

De par le sérieux de sa formation psychiatrique, dont témoigne sa thèse en 1932, Lacan était bien averti de la complexité et de la variété des hallucinations auditives, des difficultés de leur classification, des enjeux de leur causalité. En particulier il était bien au fait des débats engagés par le terme employé par Baillarger, en 1846, d'« hallucination psychique » pour désigner des voix perçues à l'intérieur de soi, soit le fait d'« entendre des paroles que les malades prononcent très bas à leur insu et bouche fermée ». « Les aliénés méconnaissent alors leur propre voix comme on la méconnaît dans les rêves. »

Le terme d'hallucination psychique fut critiqué par J. Séglas (en 1892) et remplacé par celui d'« hallucination psychomotrice verbale », avec une extension plus grande que ne lui donnait Baillarger. Daniel Lagache publia en 1934 un ouvrage sur ces hallucinations qui ont le mérite de poser le problème de la dissociation du parler et de l'entendre chez le même sujet : « Comment la parole propre peut-elle apparaître à son auteur comme une parole étrangère[3] ? » Voici comment il résume ses observations : « Si l'on se place à un point de vue strictement phénoménologique, c'est-à-dire si l'on s'efforce d'établir ce qu'éprouve le sujet parlant, on est ramené à distinguer deux ordres de faits : 1. Il y a des malades qui déclarent percevoir des paroles étrangères, et dont les uns

3. D. Lagache, *Les hallucinations verbales et la parole*, Paris, Librairie Felix Alcan, 1934, p. 1.

parlent les voix qu'ils disent entendre, méconnaissant leur propre parole, dont les autres, invoquant des voix intérieures, déclarent percevoir des paroles dans les mouvements de leurs organes ou les sensations qui en sont issues, à l'intérieur ou à l'extérieur de l'appareil de la parole ; 2. Des sujets qui se plaignent de ce qu'on les force à parler, par pensée ou par action[4]. »

Dans son *Traité des hallucinations*, Henri Ey reconnaît aux « hallucinations psychiques verbales » (on remarque que le « motrice » inclus antérieurement dans l'expression disparaît car l'aspect moteur est loin d'être toujours observé ni essentiel) une place exemplaire dans sa classification des hallucinations acoustico-verbales, qui comporte en outre ce qu'il appelle les « hallucinations auditivo-verbales fragmentaires » et les « hallucinations psycho-sensorielles auditivo-verbales ». Elles recèlent, dit-il, « l'essence même de l'halluciner[5] ». Les caractéristiques générales de ces « voix intérieures » sont les suivantes. La première est l'absence de sensorialité : « C'est une voix muette », « c'est plutôt en pensée », dit le sujet. Cela explique l'infinité de formes que revêt ce type d'hallucination. La deuxième caractéristique fondamentale est l'impression de l'hallucinant « de ne pas être lui-même l'auteur du discours pourtant "intérieur" qu'il entend ». L'espace de son intériorité est troué, creusé d'une extériorité, d'une xénopathie, dit-on. Son plus intime lui est extérieur. Il pâtit de ce que le névrosé

4. *Ibid.*, p. 87.

5. H. Ey, *Traité des hallucinations*, t. I, Paris, Masson, 1973, p. 195.

n'atteint au mieux qu'après plusieurs années d'analyse et qui est l'objectif de la maxime freudienne *Wo Es war, soll Ich werden.* Ces hallucinations traduisent une intrusion de l'Autre en moi, un Autre qui parle, pense à ma place. Un Autre est Je.

Ce trait qui donne à ce type d'hallucination une valeur paradigmatique a suscité l'intérêt des psychiatres classiques et motivé l'ouvrage de Daniel Lagache. La recherche propre de Lacan prend la relève. Tant dans son séminaire *Les psychoses* que dans son article « D'une question préliminaire… », on peut remarquer qu'il emploie le terme d'« hallucination verbale ». On voit la filiation avec « hallucination psychique » (Baillarger), « hallucination psychomotrice verbale » (Séglas), « hallucination psychique verbale » (Ey). Après que le « moteur » ait sauté, c'est au tour du « psychique ».

De fait, l'usage du terme d'hallucination verbale chez Lacan dépasse ce que la psychiatrie traditionnelle appelle hallucination psychomotrice verbale, notamment parce qu'il inclut aussi les hallucinations dites auditives, correspondant à ce que Esquirol appelait « perception sans objet », où les voix sont entendues et localisables dans une extériorité qui peut cependant être celle du propre corps… Dans ces voix « la thématique délirante fait sensoriellement partie de l'hallucination » (Ey).

L'usage du terme d'hallucination verbale, dans les premiers textes de Lacan, rattache le sujet au verbe et signifie au fond l'essence verbale, inscrite dans la fonction et le champ de la parole et du langage, de toute hallucination. « Le drame du sujet dans le verbe, c'est qu'il y fait l'épreuve de son manque à être[6] », quelle que soit la structure clinique.

Par là, Lacan se démarque de Daniel Lagache et de son ami Henri Ey, tout en se rapprochant paradoxalement de son maître Gaëtan Gatian de Clérambault. En apparence paradoxalement, car si Clérambault invoque un mécanisme organique, « serpigineux », à l'origine des hallucinations, il en unifie le champ avec le terme d'automatisme mental que Lacan reprend à son compte.

L'ÉPURE DE L'AUTOMATISME MENTAL, DE L'ÉCHO DE LA PENSÉE

L'automatisme mental fait partie, selon Clérambault, avec l'automatisme sensitif et l'automatisme moteur, d'un triple automatisme. Le maître du Dépôt a commencé à faire usage du terme dans ses certificats à partir de 1905. Selon lui l'automatisme mental est le noyau commun de tous les délires hallucinatoires et il en constitue le premier signe. Il est initial et le délire est secondaire. Il a « pour cause un processus histologique irritatif à progression en quelque sorte serpigineuse[7] ».

« Quel que soit son degré de verbalisation l'AM (automatisme mental) est au début de teneur tota-

6. J. Lacan, « Remarque sur le rapport de Daniel Lagache : "Psychanalyse et structure de la personnalité" », dans *Écrits, op. cit.*, p. 655.

7. G. Gatian de Clérambault, *Œuvre psychiatrique*, t. I et II, Paris, PUF, 1942, p. 486.

lement *neutre* ; il n'est aucunement thématique puisqu'il se limite à des jeux sur les éléments de la pensée et que rien en eux ne fait présager la couleur du délire futur. » Par ailleurs, il est aussi caractérisé par sa nature non sensorielle, « c'est la pensée qui devient étrangère [8] ».

Initial dans la psychose, neutre (athématique, sans contenu affectif), non sensoriel sont les caractéristiques générales de l'automatisme mental. Il inclut des phénomènes qui étaient déjà connus des psychiatres et qui sont de l'ordre de « la prise de pensée » : des pensées imposées (« on me donne des pensées qui ne sont pas à moi »), des pensées étrangères qui traversent le cerveau, des pensées devancées, des pensées adventices.

Ce que Clérambault considère comme l'élément primordial de l'automatisme mental est ce qu'il appelle *l'écho de la pensée*. Le sujet accepte qu'il s'agisse de sa pensée mais il la perçoit comme imposée du dehors. Il est dédoublé face à sa pensée.

L'écho peut être psychique, auditif ou moteur à des degrés divers et simultanément. Il peut être consécutif, simultané ou anticipé. Il n'est pas toujours une stricte répétition, il y a plusieurs sortes d'écho [9] : l'écho avec variantes, l'écho avec additions : énonciation des gestes, commentaires, énonciation des intentions…

---

8. *Ibid.*, p. 485, 493. Cf. aussi la thèse de Élisabeth Renard, *Le docteur Gaëtan Gatian de Clérambault, sa vie et son œuvre (1872-1934)*, Paris, Librairie Le François, 1942.

9. G.G. de Clérambault, *op. cit.*, p. 589-591 ; É. Renard, *op. cit.*, p. 95.

Enfin, à l'automatisme mental on peut rattacher d'autres modalités hallucinatoires moins fréquentes, d'une très grande variété [10] : émancipation des abstraits, dévidage muet des souvenirs, fausses reconnaissances, disparitions de pensées, vide de la pensée, perplexité, dispersion des idées, passage d'une pensée invisible, images imposées du dehors, jeux verbaux parcellaires : phrases, mots, syllabes, mots jaculatoires fortuits avec notamment des scansions manifestant la fragmentation verbale…

Il n'est pas nécessaire d'accepter la causalité organique invoquée par Clérambault pour reconnaître la valeur et la richesse sémiologique de l'automatisme mental comme forme d'hallucination verbale.

Pour notre propos, celui de l'isolement de la voix comme objet *a* à partir des voix, on constate facilement l'intérêt que représente cette sémiologie. Les voix manifestent les formes verbales de la pensée et donc la structure d'un sujet déterminé par le langage. À ce titre d'ailleurs elles rejoignent ce que Paul Guiraud a appelé les *formes verbales de l'interprétation délirante* [11] sur lesquelles nous reviendrons. Au regard de ces formes verbales un dédoublement se produit pour le sujet, à la fois il s'agit de sa pensée et elle lui vient du dehors, elle lui

---

10. É. Renard, *op. cit.*, p. 96-97.

11. P. Guiraud, « Les formes verbales de l'interprétation délirante », *AMP*, 1931. Republié dans *La revue lacanienne*, n° 6, Toulouse, érès, mars 2010. Cf. les commentaires de J. Allouch et E. Porge dans *Littoral*, n° 3/4, Toulouse, érès, février 1982.

est imposée, de façon parasitaire, et elle fait irruption de façon soudaine. Dans *Les psychoses*, Lacan étudie ce dédoublement chez Schreber et le relie au double imaginaire et au schéma L. « C'est au niveau de l'entre-je c'est-à-dire du petit autre, du double du sujet, qui est à la fois son moi et pas son moi, qu'apparaissent des paroles qui sont une espèce de commentaire courant de l'existence. Nous voyons ce phénomène dans l'automatisme mental, mais il est ici [dans le cas des phrases hallucinatoires interrompues qui s'imposent à Schreber] bien plus accentué, puisqu'il y a un usage en quelque sorte taquinant du signifiant dans les phrases commencées puis interrompues[12]. » Déjà, Lacan note que les phénomènes d'écho de la pensée chez le psychotique ne font qu'amplifier « la relation d'écho intérieur où le sujet est par rapport à son propre discours[13] ». Et d'ajouter : « Ne savons-nous pas, psychanalystes, que le sujet normal est essentiellement quelqu'un qui se met dans la position de ne pas prendre au sérieux la plus grande part de son discours intérieur[14] ? »

La sémiologie de l'écho de la pensée montre aussi que les hallucinations verbales n'ont pas besoin d'être sonorisées – en voix audibles, localisables – pour être reconnues.

Ces formes verbales sont neutres, athématiques et revêtent un caractère fragmentaire, parcellaire, scandé.

12. J. Lacan, *Les psychoses*, Paris, Le Seuil, 1981, p. 219.
13. *Ibid.*, p. 182.
14. *Ibid.*, p. 140.

L'AU-DELÀ DE LA SIGNIFICATION

On comprend dès lors que Lacan ait suivi la voie des voix pour son abord des psychoses. Il ne s'agit pas cependant d'appliquer aux psychoses une théorie du langage déjà constituée mais d'habiter le langage en y incluant la problématique de la psychose, sans pour autant verser dans une théorie délirante du langage, à la Jean-Pierre Brisset par exemple. La ligne de crête est étroite. Elle est tracée par la *signification.* La signification est tributaire des lois de composition du signifiant (métaphore, métonymie), la signification *(Bedeutung)* c'est le phallus. La forclusion d'un signifiant, celui du Nom du père, fait tomber dans un vide (le vide de la pensée, le laisser tomber de Schreber) ou un trop-plein de signification (le néologisme) ; la signification ne renvoie plus alors à une autre signification mais à la signification elle-même (la langue fondamentale de Schreber) et on est dans la psychose. En même temps les mêmes lois du langage débouchent sur un au-delà de la signification, un « centre extérieur au langage » : « Dire que ce sens mortel révèle dans la parole un centre extérieur au langage, est plus qu'une métaphore et manifeste une structure. […] À vouloir en donner une représentation intuitive, il semble que plutôt qu'à la superficialité d'une zone, c'est à la forme tridimensionnelle d'un tore qu'il faudrait recourir, pour autant que son extériorité périphérique et son extériorité centrale ne constituent qu'une seule région[15]. »

15. J. Lacan, « Fonction et champ de la parole et du langage », dans *Écrits, op. cit.*, p. 120.

Une topologie est appelée pour s'approcher de la ligne de frontière avec la psychose : celle entre un au-delà structural de la signification et l'au-delà d'une structure clinique particulière.

Dans *Les psychoses* on assiste à ce mouvement par lequel Lacan s'appuie sur ce que lui fournit la tradition psychiatrique en même temps qu'il s'en sépare [16]. D'abord il revient sur l'hallucination verbale : « Rien n'est ambigu comme l'hallucination verbale. » Il ne suffit pas d'observer des mouvements articulatoires quand le sujet dit entendre des voix. « Si ce problème mérite d'être abordé c'est à partir de la relation de bouche à oreille. » Ensuite une « phrase ne devient vivante qu'à partir du moment où elle présente une signification ». Et ce que met en relief l'hallucination c'est précisément l'anticipation de la signification. « Il y a un lien entre l'ouïr et le parler qui n'est pas externe, au sens où on s'entend parler, mais qui se situe au niveau même du phénomène du langage. *C'est au niveau où le signifiant entraîne la signification, et non pas au niveau sensoriel du phénomène, que l'ouïr et le parler sont comme l'endroit et l'envers.* »

Mais si la signification renvoie à la signification, est-ce à dire qu'il n'y a pas de point d'arrêt, étant entendu que l'indication de la chose ne saurait le constituer ?

C'est à ce moment que Lacan procède à une sorte de retournement qui, s'il devait faire point d'arrêt, le

16. J. Lacan, *Les psychoses, op. cit.*, 8 février 1956, p. 154-157.

ferait justement *pas sans* la psychose. Il choisit de présenter le très bel exemple de *la paix du soir*[17]. « Vous êtes au déclin d'une journée d'orage et de fatigue, vous considérez l'ombre qui commence d'envahir ce qui vous entoure, et quelque chose vous vient à l'esprit, qui s'incarne dans la formulation *la paix du soir*. » Nous ne saurions dire alors si cette formulation vient du dehors ou du dedans. Et Lacan de conclure : « Nous sommes maintenant arrivé à la limite où le discours, s'il débouche sur quelque chose au-delà de la signification, c'est sur du signifiant dans le réel. Nous ne saurons jamais, dans la parfaite ambiguïté où il subsiste, ce qu'il doit au mariage avec le discours. » En schématisant, on pourrait dire que ce qui fait limite au renvoi infini de la signification à la signification c'est le signifiant dans le réel, soit la frange avec la psychose.

La ligne de crête qui se trace avec la psychose, Lacan l'appelle en effet, en 1956, une « frange », un « trans-espace lié à la structure du signifiant et de la signification[18] ». La localisation du sujet ne saurait être que topologique et c'est à partir de là seulement que l'on peut tenter de cerner les différences de structure et leurs franges. Franges dont Lacan donne quelques exemples dans son séminaire *Les psychoses* : prise au sérieux du

17. Dans son beau livre, *L'acte esthétique*, Paris, Klincksieck, 2008, Baldine Saint-Girons fait de la paix du soir le paradigme de l'acte esthétique, à partir d'une expérience personnelle, partagée avec d'autres, qu'elle a vécue à Syracuse en Sicile.

18. J. Lacan, *Les psychoses, op. cit.*, p. 160.

discours intérieur[19], moments de prise de parole, résurgences d'un affect[20].

La notion de *littoral* que Lacan introduira plus tard dans « Lituraterre » peut être considérée comme une suite à celle de frange, dans la mesure où le littoral, à la différence de la frontière, se situe entre deux domaines hétérogènes (la mer et la terre par exemple).

La nouveauté radicale de Lacan par rapport à tout ce qui s'est élaboré avant lui sur la psychose est d'avoir rencontré la nécessité d'une topologie pour rendre compte du sujet aussi chez elle, seule façon que nous ne devenions pas fous nous-mêmes par un autre tour.

Le graphe, première topologie des voix et du surmoi

Cette topologie a commencé avec « le graphe[21] » et c'est avec le support de celui-ci que Lacan isole les voix comme objet *a*. La voix est la topologie des voix.

Le graphe commence à être construit et explicité dans le séminaire *Les formations de l'inconscient* (1957-1958). Or, celui-ci est contemporain de l'article « D'une question préliminaire… » et ce n'est donc pas un hasard si les hallucinations de Schreber constituent

---

19. Cf. G. Lantéri-Laura, « La voix et le langage intérieur », dans R. Lew et F. Sauvagnat (sous la direction de), *La voix, actes du colloque d'Ivry du 23 janvier 1988,* Paris, Lysimaque, 1989, qui rappelle opportunément les sources mystiques de celui-ci.

20. *Ibid.*, p. 140, 285, 305.

21. Nous désignons par là le graphe qui se trouve dans « Subversion du sujet et dialectique du désir » dans les *Écrits* de Jacques Lacan.

l'une des données avec lesquelles il le construit. D'autant plus que la matrice du graphe provient explicitement du point de capiton du signifiant que Lacan a introduit dans *Les psychoses.*

Le graphe lui permet de lire et d'interpréter deux formes d'hallucinations qui arrivent à Schreber : les voix de ce qu'il appelle *la langue fondamentale (Grundsprache)* et celles de phrases interrompues qu'il lui est imposé de compléter. Le code constitué de « messages sur le code » des premières, comme « le message réduit à ce qui dans le code indique le message » pour les deuxièmes, « nécessiterait, dit Lacan, d'être reporté avec le plus grand soin sur un graphe », sachant que sur celui-ci les places du code et du message sont déjà indiquées :

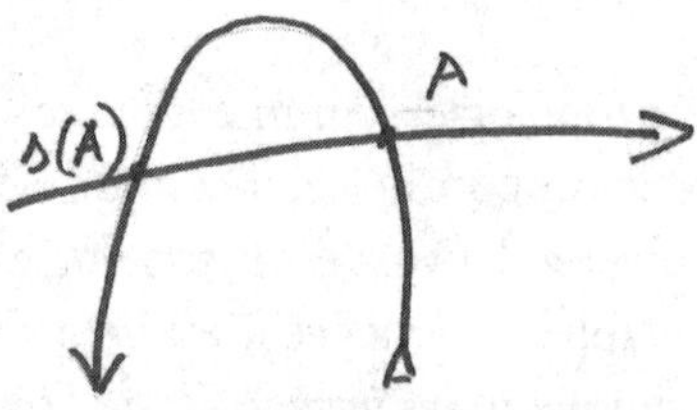

s(A) est le moment du message, « de la ponctuation où la signification se constitue comme un produit fini », dans la rétroaction de A, lieu non pas tant d'un code que du rassemblement synchronique des signifiants. A est un « lieu (place plutôt qu'espace) », s(A) est un « moment (scansion plutôt que durée)[22] ».

Dans *Les formations de l'inconscient* le terme « voix » est pour la première fois inscrit sur le graphe, avant même d'être isolé comme objet *a.* D'abord Lacan

22. *Ibid.,* p. 806.

désigne la place du surmoi, qui deviendra celle de la voix, sur la ligne de l'articulation signifiante passant par s(A) et A, après A, à l'opposé du rire qu'il situe avant s(A) [23].

L'assimilation du surmoi à la voix n'est pas si surprenante. D'une part, elle prend une racine dans la langue puisque « obéir » *(oboedire)* vient d'« écouter » *(audire)*. D'autre part, la religion et la philosophie l'avaient anticipée avec l'expression « voix de la conscience » pour désigner l'instance morale. Pour Freud, le surmoi est une instance de sa deuxième topique qui se détache du moi pour le juger et qui plonge ses racines dans le ça, il est en partie inconscient. Il se forme à partir des paroles entendues des parents ou de leurs substituts. L'influence critique des parents est médiée par la voix, dit-il. Le surmoi ne peut dénier ses origines dans l'entendu. C'est pourquoi dans son schéma en forme d'œuf des deux topiques, Freud ajoute la « calotte acoustique », au niveau du moi, d'un seul côté et de travers [24].

D'autres analystes ont emboîté le pas de Freud sur ce sujet. Citons notamment Otto Isakower et Robert Fliess (le fils de Wilhelm Fliess, ayant émigré aux États-Unis et étant devenu psychanalyste) dans un article classique, plusieurs fois cité par Lacan, dont nous reparlerons [25].

23. J. Lacan, *Les formations de l'inconscient* (16 avril 1958), Paris, Le Seuil, 1998, p. 333.
24. S. Freud, « Le moi et le ça », dans *Essais de psychanalyse*, Paris, Payot, 1981.
25. R. Fliess, « Silence and verbalization : a supplement to the theory of the "analytic rule" », *The International Journal of*

En identifiant la voix au surmoi, Lacan s'inscrit donc dans la ligne freudienne. Mais aussi il la prolonge. Le surmoi est un impératif dissocié, détaché des lois symboliques du langage. Il est une scission dans les rapports du sujet au symbolique[26]. Le surmoi est une loi mais sans dialectique. « Il est à la fois la loi et sa destruction[27]. » Il est le « saboteur interne », le *Tu* qui prend possession de la maison et éjecte le sujet[28]. C'est la loi incomprise, interrompue[29]. Ce caractère de discours interrompu, parasitaire permet de l'assimiler aux voix[30]. C'est un « trognon de la parole », une voix « obscène et féroce ».

La distinction du symbolique, de l'imaginaire et du réel permet à Lacan de radicaliser l'assimilation du surmoi à la voix. Elle le conduit aussi à préciser, avec un détour par l'analyse du masochisme, ce qui fait le fond de cet impératif : la jouissance. « Le surmoi c'est l'impératif de la jouissance – Jouis[31]. » Ce à quoi le sujet ne peut que répondre : « J'ouïs. »

Psychoanalysis, vol. XXX, 1949, p. 21-30. Traduit par François Sauvagnat, dans *La voix, op. cit.* : « De la même façon que le noyau du moi est le moi corporel, de même la sphère auditive humaine, modifiée dans la direction d'une capacité de langage, doit être considérée comme le noyau du surmoi. »

26. J. Lacan, *Les écrits techniques de Freud*, Paris, Le Seuil, 1975, p. 220.

27. S. Rabinovitch, *Les voix*, Toulouse, érès, 1999, p. 64.

28. J. Lacan, *Les psychoses*, *op. cit.*, p. 312-313.

29. J. Lacan, *Le moi dans la théorie de Freud et dans la technique de la psychanalyse*, Paris, Le Seuil, 1978, p. 158.

30. J. Lacan, *L'angoisse*, Paris, Le Seuil, 2004, p. 291.

31. J. Lacan, *Encore,* Paris, Le Seuil, 1975, p. 10-13.

Le 22 avril 1958, toujours dans *Les formations de l'inconscient*, Lacan inscrit le terme de voix là où il avait placé celui de surmoi, et il donne de la voix une première définition qui la situe dans une certaine excentricité par rapport au signifiant, dans un au-delà de celui-ci : « Dans le signifiant pleinement développé qu'est la parole, il y a toujours un passage, c'est-à-dire quelque chose qui est au-delà de chacun des éléments qui sont articulés, et qui sont de leur nature fugaces, évanouissants. C'est ce passage de l'un à l'autre qui constitue l'essentiel de ce que nous appelons la chaîne signifiante. Ce passage en tant qu'évanescent, c'est cela même qui se fait voix – je ne dis même pas articulation signifiante, car il se peut que l'articulation reste énigmatique, mais ce qui soutient le passage est voix[32]. »

La voix désigne donc le « passage en tant qu'évanescent » du signifiant. Elle est un reste non réductible au signifiant mais essentiel à son articulation en tant qu'il en soutient le passage. La voix n'est pas encore isolée comme objet *a* mais déjà elle prend une place particulière en fonction du signifiant mais sans se réduire à celui-ci.

La voix promue objet *a*

L'année suivante, dans le séminaire *Le désir et son interprétation*, le 20 mai 1959, Lacan baptise officiellement la voix d'objet *a*. Au cours de cette séance il en vient à commenter la formule du fantasme ($ ◊ a) située

32. J. Lacan, *Les formations de l'inconscient*, *op. cit.*, p. 343.

sur le graphe et explique comment la lire. Le sujet veut se saisir dans l'au-delà de la parole (on voit la récurrence de la question de Lacan), trouver le signifiant dernier qui va le représenter, arrêter le renvoi infini des significations. Dans cette quête il rencontre un vide dans l'Autre, car il n'y a pas d'Autre de l'Autre, pas de garantie dernière. L'écriture du fantasme, $ ◊ a, dénote ce *moment* où le sujet s'évanouit (*fading* du sujet) devant la carence du signifiant qui répond de sa place au niveau de l'Autre. Le *Ich* du *Wo Es war, soll Ich werden* ne peut se désigner dans le moment où il advient. Comme recours ultime, il trouve un support dans cet objet *a*, tiré d'ailleurs d'une partie de lui-même, en fait du registre imaginaire. Dans la division de l'Autre par le sujet (avant la division du sujet, quand il veut s'inscrire dans l'Autre), le sujet divisé, $, est le quotient et l'objet *a* le reste de la division. Ce reste supplée à la carence d'un signifiant qui répond de sa place dans l'Autre. L'objet *a* supplée à une « nomination défaillante » du sujet. Pour qu'il y ait poinçon (◊) entre $ et *a* il faut qu'à un certain niveau il y ait identité de structure entre les deux. Cette identité est la coupure. « C'est comme coupure et comme intervalle que le sujet se rencontre au point terme de son interrogation. C'est aussi bien essentiellement comme forme de coupure que le *a*, dans toute sa généralité, nous montre sa forme[33]. »

Pour la première fois, Lacan précise à ce moment que trois objets remplissent cette condition d'avoir une

33. J. Lacan, *Le désir et son interprétation*, 20 mai 1959, inédit.

forme de coupure et peuvent ainsi remplir la fonction de suppléance dans la tentative défaillante du sujet de se nommer. Ce sont les objets dits prégénitaux (sein, fèces), le phallus et… les voix. « La troisième espèce d'objet remplissant exactement la même fonction par rapport au sujet à son point de défaillance, de *fading*, cela n'est rien d'autre, et ni plus ni moins que ce qu'on appelle communément le délire et c'est très précisément ce pourquoi Freud, depuis presque le début de ses premières appréhensions, a pu écrire : ils aiment leur délire comme soi-même[34]. »

La « voix » est, comme les objets dits prégénitaux et le phallus, « structurée par la coupure » et c'est ce qui la rend apte « à jouer ce rôle de support au niveau où le sujet se trouve lui-même situé comme tel dans le signifiant ».

En ce qui concerne la voix, ce qui fait office de coupure est la scansion de son émission. La scansion de la parole crée la voix comme objet *a*, en tant que sorti d'un orifice et comme quelque chose qui se coupe, à l'instar des autres objets libidinaux.

Ce qui caractérise la voix comme objet *a* n'est donc pas la pulsation respiratoire, ni la pure sonorité mais le fait qu'il y ait émission à partir d'un orifice (la bouche) et que celle-ci soit scandée. Lacan ne trouve pas de meilleur exemple que les voix dans le délire et il nous invite à « une relecture attentive » de son article « D'une question préliminaire… » : « À savoir ce que j'ai articulé

34. *Ibid.*

dans ce qui nous permet d'une façon si poussée, si élaborée d'articuler le délire de Schreber ; c'est ce qui va nous permettre de saisir la fonction de la voix dans le délire comme tel. Je crois que c'est pour autant que nous devons chercher à voir en quoi la voix dans le délire répond tout spécialement aux exigences formelles de ce *a*, pour autant qu'il peut être élevé à la fonction signifiante de la coupure, de l'intervalle comme tel, que nous comprendrons les caractéristiques phénoménologiques de cette voix[35]. »

Une fois de plus il fait aussi le parallèle avec « la grosse voix » du surmoi, non sans la différencier pourtant de celle du délire.

Ce qui justifie de mettre les voix du délire à la place de la voix comme objet *a* se rapporte à la façon dont quelque chose se dérobe toujours, de façon singulière, quand il s'agit pour le délirant de communiquer sur la nature de ses voix. Cela se réduit parfois au seul fait que « ça » s'impose à lui. Sa difficulté à en parler, source de tant d'interrogations pour les psychiatres, fait elle-même partie des voix comme objet *a*.

Les voix de Schreber, en particulier celles des phrases interrompues, manifestent pleinement le caractère de coupure de la voix. « Le sujet y est *intéressé* en effet ici mais à proprement parler en tant que lui-même disparaît, succombe, s'engouffre tout entier dans cette signification qui ne le vise que d'une façon globale. » Le sujet est *inter-essé* au sens littéral car il se trouve dans *l'inter-valle*.

35. *Ibid.*

L'élévation des voix à la dignité de voix s'est faite à partir de la formule du fantasme et pour précisément en rendre compte. Le délire est donc inclus dans la formule du fantasme et sa problématique. La formule s'applique aussi à la psychose. Cela ne signifie pas qu'il n'y ait pas de différence entre névrose et psychose, comme Lacan l'a toujours maintenu, alors même qu'il se comparait au psychotique pour sa rigueur[36]. Mais le fantasme n'est pas la voie pour différencier la névrose de la psychose. Le fantasme rend équivalentes les voix du délire et la voix du névrosé. Elles ont les mêmes caractéristiques formelles d'objet séparable suppléant à la défaillance du sujet à se nommer.

Si nous nous sommes attardés sur la sémiologie des voix c'est justement pour montrer comment les limites de celles-ci ont pu être reculées jusqu'à des propriétés formelles anidéiques, neutres, non sensorielles, parasites, fragmentaires, scandées.

Nous verrons dans le dernier chapitre ce qui concerne la nature temporelle de la voix.

Quelques conséquences de l'accès des voix à la fonction d'objet *a*

L'exemplarité des voix hallucinées pour constituer la voix en objet *a* suscite beaucoup de questions. La première qui vient à l'esprit, et qui a couru entre les lignes depuis le début, est celle que Lacan formule explici-

36. J. Lacan, « Conférences et entretiens dans des universités nord-américaines », *Scilicet*, 6/7, Paris, Le Seuil, 1976, p. 9.

tement en 1976 à la suite d'une présentation de malade subissant des paroles imposées : « Comment est-ce que nous ne sentons pas tous que des paroles dont nous dépendons nous sont, en quelque sorte, imposées ? C'est bien en quoi ce que l'on appelle un malade va quelquefois plus loin que ce que l'on appelle un homme bien portant. La question est plutôt de savoir pourquoi un homme normal, dit normal, ne s'aperçoit pas que la parole est un parasite, que la parole est un placage, que la parole est la forme de cancer dont l'être humain est affligé[37]. »

Certes, dans les « franges » de la psychose, certains traits font butée. L'engluement imaginaire, la voix qui se sonorise, le regard prévalent, la congélation du désir dans la paranoïa ; le fait que si le névrosé croit *à* ses symptômes le psychotique *les* croit[38], au point parfois de passer à l'acte.

Toutefois cela ne dit pas pourquoi la frange devient frontière avec la folie. Une reprise de l'immense travail de Lacan sur la causalité de la folie excède bien sûr le cadre de notre propos. Aussi, nous nous limiterons ici à avancer quelques hypothèses qui tiennent compte d'une évolution dans cette causalité depuis le séminaire sur les psychoses.

L'identification des voix et de la voix inscrit de plein droit celles-ci dans le circuit de la pulsion.

La bouteille de Klein, nous le verrons dans le dernier chapitre, permettant d'inscrire le circuit particulier

37. J. Lacan, *Le sinthome*, Paris, Le Seuil, 2005, p. 95.
38. J. Lacan, *RSI,* 21 janvier 1975 et 8 avril 1975, inédit.

de la pulsion invocante, vaut autant dans le cadre du délire (les voix) qu'en dehors de celui-ci.

Dans le cas où les voix se font entendre, la sonorisation de la voix donne un engluement imaginaire, une consistance, une continuité au circuit[39].

De même que dans le rêve, dit Freud, une image hyperintense est le signe d'une condensation du contenu, le sonore de la voix serait le signe d'un équivalent de condensation de signifiants.

Nous rapprocherons cela de ce que Paul Guiraud a appelé les formes verbales de l'interprétation délirante[40]. Prenons l'exemple de l'observation III de monsieur M.F., vraisemblablement d'origine alsacienne. Il a tendance à décomposer les noms propres, mais pas seulement, et leur trouver une signification dans son délire. Un jour « voyant un infirmier avec un col en *celluloïd*, il en conclut que le jeu de dames dont il se sert lui a été envoyé d'Allemagne par Loulou, la fille de son patron. En effet, en prononçant toujours avec l'accent alsacien, celluloïd représente : *c'est Loulou Lloyd* (Lloyd étant la compagnie de navigation qui a

39. L'articulation de cette mise en continuité avec la discontinuité (scansion) des voix nécessiterait un éclaircissement supplémentaire. Il pourrait venir de la distinction posée par Freud entre le ça *(Es)* et l'inconscient et de sa reprise par Lacan (notamment dans *La logique du fantasme*, 11 et 18 janvier 1967) avec la distinction correspondante entre le *non-je* corrélatif d'un « je ne pense pas » de la structure grammaticale des pulsions et du fantasme du côté du ça et le *non-je* de l'inconscient, corrélatif d'un « je ne suis pas », dans le rêve ou le mot d'esprit.

40. P. Guiraud, *op. cit.*

transporté le colis)[41] ». La tendance interprétative des équivoques est strictement localisée au délire, et celui-ci se nourrit de celles-là. La segmentation qui différencie *celluloïd* de *c'est Loulou Lloyd*, quasi homophones, n'a pas opéré, ou plutôt elle a été remplacée par une relation logique de causalité (l'interprétation délirante) qui fait continuité : celluloïd *parce que* c'est Loulou Lloyd, et c'est Loulou Lloyd *donc* celluloïd.

L'énoncé d'une relation de causalité se substitue à l'indicible de l'objet *a*. « La voix vient à la place de ce qui du sujet est indicible, son plus de jouir[42]. »

Là où l'écrit (celui de la segmentation comme fait d'écriture) ferait coupure dans l'homo-phonie, l'homo de la phonie a pris le dessus, se fixant dans la continuité d'un « parce que ». Dans cette optique, la sonorisation de la voix constituerait une suppléance, une réparation là où la cause du désir est indicible et là où l'écrit n'a pas joué sa fonction séparatrice, discriminante de l'homo (identité ou presque) de la phonie.

L'écrit permet de distinguer l'équivoque du signifiant dans lalangue, l'écrit de la graphie (non et nom) ou celui de la segmentation (d'eux et deux). La voix est dans lalangue une fonction et un signe de l'écrit, de l'écrit de la lettre a, de son algèbre[43].

---

41. *Ibid.*, p. 406.
42. J.-A. Miller, « Jacques Lacan et la voix », dans *La voix, op. cit.*, p. 183.
43. « La voix se détermine de la lettre », elle procède du tressage de RSI, dit René Lew dans *La voix, op. cit*, p. 155, 160.

Il existe des procédés de représentation graphique pour fixer dans l'écrit ce qui a trait à la voix, par exemple les signes de ponctuation marquant différentes sortes de pause. « L'aspect visuel est implicitement contenu dans l'expression vocale[44] », en tant que la nature non intrinsèquement sonore de la voix se rapproche du silence dans la parole et par là du visuel.

En homme averti, Schreber se sert de l'homophonie pour entrer en dialogue et « décontenancer » les voix des oiseaux miraculeux qui l'assaillent de leurs phrases apprises par cœur dont ils ne comprennent pas le sens : « Je l'ai déjà dit, les oiseaux miraculeux ne comprennent pas le *sens* des mots qu'ils prononcent ; en revanche il semble qu'ils soient doués d'une sensibilité naturelle à l'*homophonie*. En effet, s'ils perçoivent – tandis qu'ils sont tout occupés à débiter leurs phrases apprises par cœur – *soit* dans les vibrations de mes propres nerfs (mes pensées), *soit* dans les propos qui se tiennent dans ma proximité immédiate, des mots qui rendent un *son* identique ou voisin du son des mots qu'ils ont à réciter (à décharger), cela crée chez eux, semble-t-il, un saisissement propre à les abasourdir complètement : moyennant quoi ils viennent, pour ainsi dire, donner dans le panneau de l'homophonie, la stupeur leur fait oublier les phrases qui leur restent encore à débiter, et les voilà soudain rendus à l'expression d'un sentiment authentique[45]. »

44. I. Fónagy, « La vive voix », dans *La voix, op. cit.*, p. 113.
45. D. P. Schreber, *Mémoires d'un névropathe*, trad. P. Duquenne et N. Sels, Paris, Le Seuil, 1975, p. 175.

Il n'est pas nécessaire que l'homophonie soit complète, il suffit que les oiseaux discernent une analogie dans les sons, des à peu-près : Santiago ou Carthago, Chinesenthum ou Jesum-Christum… Schreber se réjouit de la possibilité qui lui est ainsi offerte de « décontenancer » les oiseaux qui lui parlent « en leur jetant pêle-mêle arbitrairement des mots qui se ressemblent par leur consonance » et cela devient une « sorte de passe-temps ».

Il lutte contre les hallucinations avec les armes de celles-ci (l'homophonie) et crée ainsi un terrain de jeu commun. Toutefois son principal recours est l'écriture et la publication de ses « hauts faits mémorable » *(Denkwürdigkeiten)*, ses dites *Mémoires*, lesquels se confondent avec l'évolution du délire vers une tentative de guérison, soit sa valeur de solution d'un faire-savoir, ou faire entendre[46].

En conclusion, on ne saurait dire que l'élévation des voix à la dignité d'objet *a* ait permis d'aller plus loin que « D'une question… » Mais peut-être a-t-elle permis de retourner la question, à savoir de se demander pourquoi on n'est pas fou et, partant, d'envisager la névrose du point de vue de la psychose et non l'inverse comme d'habitude.

En outre, les voix sont intégrées dans le circuit pulsionnel du *se faire entendre* et mettent celui-ci en relief.

Le *se faire entendre* n'échappe de toute façon pas au malentendu, surtout quand il se loge dans un trop bien

46. E. Porge, « Schreber écrivain », *Essaim*, n° 16, Toulouse, érès, printemps 2006.

entendu. Il n'y a pas de pire sourd que celui qui ne veut pas entendre, dit le proverbe. Celui qui ne peut pas ne pas entendre (les voix) n'est pas moins sourd. Mais sa surdité nous interpelle et elle nous ouvre la voie d'un abord logique possible du « se faire entendre », soit un abord de la logique du *possible* qui répond au vœu de Lacan de rendre *possible* l'exploitation de l'objet *a*[47].

En se faisant le lieu d'une adresse d'un « se faire entendre » encore, l'analyste rend possible que le fou s'entende dire ce qu'il entend d'une autre place. En lien sans doute avec un autre objet *a*.

Pour que l'exploitation d'un objet *a* soit possible, il faut qu'il cesse de s'écrire, afin que ça ne cesse pas de repartir (la répétition). C'est une scansion qui institue un temps deux. Considérer les voix comme objet *a* fait se croiser l'ordre des pulsions et la logique des modalités telles que Lacan les réécrit : le possible comme un « cesser de s'écrire », le nécessaire comme un « ne pas cesser de s'écrire », le contingent comme un « cesser de ne pas s'écrire » et l'impossible comme un « ne pas cesser de ne pas s'écrire[48] ».

La « question préliminaire à tout traitement possible de la psychose » s'en trouve déplacée sur la question du traitement du *possible* dans et avec la psychose.

L'élévation de la voix à la dignité de l'objet *a* modifie son statut et son abord. Elle devient une forme, déformable, attenante à une lettre. Sans entrer dans le

47. J. Lacan, *Les non-dupes errent*, 9 avril 1974, inédit.
48. J. Lacan, *Encore*, *op. cit.*, p. 132 et *Les non-dupes errent*, *op. cit.*

détail de l'évolution de la conception de la lettre chez Lacan, on remarque que c'est essentiellement sa fonction de bord du réel qui finit par la caractériser. Un bord que les tiraillements du nœud borroméen tentent de cerner. En étant accointée à la lettre *a* l'objet voix prend le statut d'un espace-temps topologique, celui de la bouteille de Klein, dont nous étudierons la particularité dans la dernière partie et qui est un mode de couture du sujet à lui-même dans son rapport à l'Autre.

La désignation de l'objet voix comme *a* le fait aussi entrer dans la liste très fermée, puisqu'ils ne sont que quatre, des objets *a*. Par là elle le met en connexion avec les autres objets *a*. Cette connexion fait partie de la structure de chacun de ces objets tout en respectant leurs différences. Autrement dit, ils ne sont pas équivalents mais pas indépendants les uns des autres non plus. C'est ce sur quoi nous nous arrêterons dans le chapitre qui vient.

La connexion des objets a

La désignation des formes ou versants de l'objet *a* (oral, anal, vocal, scopique) ne se situe pas dans une perspective développementale diachronique mais dans la synchronie d'une structure. C'est pourquoi il faut insister sur ce que Lacan a appelé la *connexion* des objets *a*, notion souvent oubliée quand on parle de celui-ci. Celle-ci a à voir avec la constance de la poussée de la pulsion : « Permanence qui ne consiste qu'en la quadruple instance dont chaque pulsion se soutient de coexister à trois autres[1]. »

Le langage, la clinique, la littérature… en fournissent de multiples exemples. Qu'on songe aux expressions « dévorer du regard », « boire les paroles de quelqu'un », qu'on se rappelle du rêve de l'homme aux rats où des crottes viennent à la place des yeux de la fille de Freud, qu'on lise *L'histoire de l'œil* de Georges Bataille. Selon les auteurs, les relations peuvent

1. J. Lacan, *Télévision*, Paris, Le Seuil, 1973, p. 42.

varier : là où Claudel parle de l'œil qui écoute, Henri Meschonnic affirme que c'est l'oreille qui voit.

La *connexion* des objets *a* signifie que le passage de l'un à l'autre des quatre objets n'obéit pas à un procès de maturation mais correspond à une structure, définie par les inversions de la demande et du désir dans les relations du sujet à l'Autre.

C'est dans son séminaire *L'angoisse* que Lacan commence à formaliser la structure combinatoire des objets *a*, en distinguant cinq étages dans la constitution de *a* dans la relation du sujet à l'Autre[2]. Au niveau du rapport à l'objet oral, il s'agit du besoin dans l'Autre, au niveau de l'Autre. La mamelle fait partie du monde intérieur du sujet et pas du corps de la mère (ce que Winnicott appelle espace transitionnel). Au deuxième étage, celui de l'objet anal, on a la demande de l'Autre. L'objet anal est le reste dans la demande de l'Autre. Au troisième étage, il y a le phallus (- φ), défini par le manque d'un objet qui se manifeste comme tel. Le défaut comme tel du phallus constitue la disjonction du désir et de la jouissance. Lacan parle à ce niveau d'une jouissance dans l'Autre. À l'étage scopique, qui est celui du fantasme, nous avons affaire à la puissance dans l'Autre. Le sujet est condamné à méconnaître qu'il ne s'agit que d'un mirage de puissance. Enfin, au cinquième étage, ce qui émerge est le désir dans l'Autre (ou désir de l'Autre).

2. J. Lacan, *L'angoisse* (12 juin 1963), Paris, Le Seuil, 2004, p. 337-338.

À la séance suivante du séminaire, Lacan situe la fonction de l'objet *a* sur un graphe et il parle d'une « constitution circulaire de l'objet[3] » :

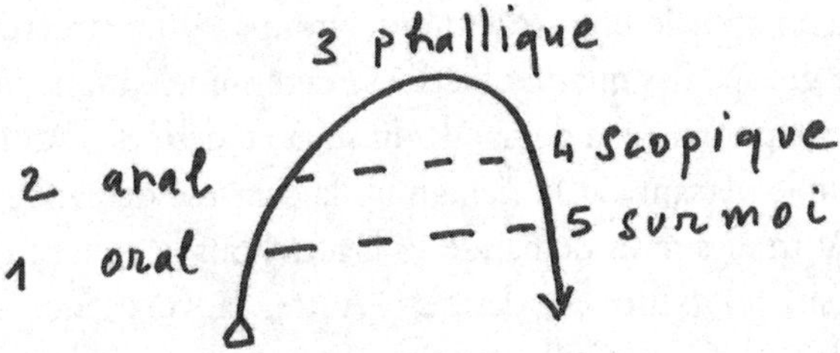

Au trajet montant, progressif entre oral et anal succède un trajet descendant, régressif (par son retour au même bord comme dans la pulsion) entre scopique et vocal, avec entre les deux une sorte d'excroissance phallique. Les deux phases du trajet ascendant entrent en correspondance avec les deux phases du trajet descendant.

Le phallus est à cette époque (en 1963) encore mis en série avec les objets *a*, quoique en position décalée. Il indique le manque au niveau sexuel, le manque de médiation génitale entre l'homme et la femme. Il est ce qui fait obstacle au rapport sexuel.

Si Lacan parle de « stades », c'est une façon de dire que la structure a une dynamique.

Enfin nous voyons que Lacan continue à identifier la voix et le surmoi. Nous en avons déjà donné la raison au chapitre précédent.

3. *Ibid.*, p. 341.

C'est en 1966, dans le séminaire *L'objet de la psychanalyse*, que Lacan parle de « connexions » entre les objets *a* : « Nul élément ne peut avoir la fonction d'objet *a* s'il n'est associable à d'autres objets dans ce qu'on appelle une structure de groupe[4]. » La structure de groupe des quatre objets *a* se détermine en fonction des rapports de la demande du sujet au désir de l'Autre. Sur le versant de la demande, le sein est demande *à* l'Autre, les fèces demande *de* l'Autre. Sur le versant du désir, le regard est désir *à* l'Autre, la voix désir *de* l'Autre[5]. C'est d'ailleurs la raison pour laquelle la pulsion invocante occupe une place privilégiée. Elle « est la plus proche de l'expérience de l'inconscient », dit Lacan[6]. Nulle part le sujet n'est plus intéressé à l'Autre que par la voix, dit-il aussi[7].

Dans une structure de groupe il y a un élément neutre. Quel serait-il ? Ne serait-ce pas précisément le semblant d'objet *a* que l'analyste incarne ? Comment ? Je répondrai : par son silence et par la hâte.

En 1964, à l'issue de sa mise en place des caractéristiques des pulsions et à la fin du séminaire *Les quatre concepts fondamentaux de la psychanalyse*, Lacan pose

4. J. Lacan, *L'objet de la psychanalyse* (1965-1966), séance du 1er juin 1966, inédit. Voir à ce sujet : E. Porge, « Le groupe des objets *a*, l'objet h(a)té, le silence », dans *Dimensions freudiennes*, colloque des 10-11 octobre 1992, Paris.

5. J. Lacan, *L'objet de la psychanalyse*, inédit, séance du 27 avril et 1er juin 1966.

6. J. Lacan, *Les quatre concepts fondamentaux de la psychanalyse*, Paris, Le Seuil, 1973, p. 96.

7. J. Lacan, *D'un Autre à l'autre*, Paris, Le Seuil, 2006, p. 257.

une question : « Après le repérage du sujet par rapport au *a*, l'expérience du fantasme fondamental devient la pulsion. Que devient alors celui qui a passé par l'expérience de ce rapport opaque à l'origine, à la pulsion ? Comment un sujet qui a traversé le fantasme radical peut-il vivre la pulsion ? Cela est l'au-delà de l'analyse et n'a jamais été abordé. Il n'est jusqu'à présent abordable qu'au niveau de l'analyste, pour autant qu'il serait exigé de lui d'avoir précisément traversé dans sa totalité le cycle de l'expérience analytique [8]. » Il s'agit d'un au-delà de l'analyse qui concerne l'analyste et il s'évalue en termes de pulsion. Nous pensons pouvoir faire un pas de plus et faire l'hypothèse qu'il s'agit là de vivre la pulsion invocante, en particulier dans son lien au silence.

En 1966, dans *L'objet de la psychanalyse*, où Lacan procède à un long et lumineux commentaire des *Ménines* de Vélasquez, il pose à nouveau une question que nous rapprocherons de la précédente dans la mesure où elle concerne la façon dont l'analyste s'insère avec l'analysant dans la dialectique des objets *a*. Dans son commentaire, Lacan s'arrête au croisement de deux lignes de force qu'on peut tracer à partir des éléments figurés : l'une partant du pied du tableau retourné, « représentant de la représentation » et se dirigeant vers le point de fuite principal (au niveau de la porte du fond) et l'autre partant de l'œil de Vélasquez et se dirigeant vers l'espace sur la gauche. Il observe que ces deux lignes se croisent au niveau de l'infante, personnage central du tableau, brillant, petite fille qui incarne la « girl

8. J. Lacan, *Les quatre concepts…*, *op. cit.*, p. 245-246.

en tant que phallus », et il pose alors la question suivante : « Est-ce que ce n'est pas fait pour que nous, analystes, qui savons que c'est là le point de rendez-vous de la fin d'une analyse, nous nous demandions comment pour nous se transfère cette dialectique de l'objet *a*, si c'est à cet objet *a* qu'est donné le terme et le rendez-vous où le sujet doit se reconnaître ? Qui doit le fournir ? Lui ou nous [9] ? »

La prise en compte d'une connexion des objets *a* est déjà une façon de dire que l'analyste peut « fournir » des objets *a* car il est nécessairement inclus dans leur connexion. Il fournit en acte leur connexion. En se référant à la pièce d'Apollinaire, *Les mamelles de Tirésias,* Lacan disait déjà, en 1964, qu'il fallait que l'analyste ait des mamelles. Non pas pour les donner directement à téter ou les remplacer par des pommes comme M.A. Sechehaye [10] mais pour que soit reconnue l'épreuve de leur manque, inscrit dans leur structure combinatoire.

Alors comment le ou les fournir ? C'est là qu'intervient le silence. Pas n'importe quel silence mais un silence qui se rapporte à la pulsion, la pulsion qui constitue ce que Lacan désigne comme un au-delà de l'analyse chez l'analyste.

Le discours peut être porteur d'une valeur pulsionnelle par le choix des termes, leurs sonorités, le rythme des phrases… mais aussi par ses silences. C'est ce qu'a brillamment montré Robert Fliess dans son article déjà

---

9. J. Lacan, *L'objet de la psychanalyse*, 25 mai 1966, inédit.
10. M.A. Sechehaye, *Introduction à une psychothérapie des schizophrènes,* Paris, PUF, 1954.

cité. Il a mis en évidence, avec des exemples cliniques, l'existence de tonalités de silence ayant une valeur orale, anale, uréthrale et phallique et pouvant se combiner [11]. Selon l'auteur la valeur érotique, au sens de la pulsion partielle, du silence est un effet de la règle analytique qui déplace l'érogénéité réactivée sur la parole. Ces silences sont à la fois un obstacle à la verbalisation, une résistance, et un mode d'accès aux zones érogènes infantiles auxquelles se rattachent les idées refoulées.

Or, c'est un fait, le silence occupe une grande place dans la pratique de l'analyste. Mais au-delà de la nature disparate des fonctions qu'il joue, Lacan lui attribue d'occuper la place de semblant d'objet *a* que l'analyste incarne pour l'analysant. « Le silence correspond au semblant de déchet » dans le discours analytique, dit-il [12]. L'analyste fait don de son silence à l'analysant. En cela il est comparable à sainte Cécile, « musicienne du silence » (*Sainte,* Mallarmé).

Est-ce à dire que le silence est un nouvel objet *a* ? Plutôt, dirai-je, est-il cet élément *neutre* apte à faire fonctionner la combinatoire des objets *a*, à la dynamiser pour la retrouver au terme de l'analyse. *Neutre* au sens

11. R. Fliess, « Silence and verbalization : a supplement to the theory of the "analytic rule" », *The International Journal of Psychoanalysis*, vol. XXX, 1949. Cité par Lacan dans *Écrits*, Paris, Le Seuil, 1966, p. 301 et dans *Problèmes cruciaux pour la psychanalyse,* 17 mars 1965, inédit.

12. J. Lacan, « Conférences et entretiens dans des universités nord-américaines » (1975), *Scilicet,* 6/7, Paris, Le Seuil, 1976, p. 63.

logique mais aussi au sens de Roland Barthes d'un troisième terme qui déjoue l'opposition binaire [13]. Le silence en est d'ailleurs une figure, ainsi que le camaïeu, la moire, l'incolore, le non-prédicable… « Le Neutre c'est ce Non irréductible, un Non comme suspendu devant les endurcissements de la foi et de la certitude et incorruptible par l'une et par l'autre [14]. »

Le silence introduit à la dimension temporelle. Le silence est une pause dans le discours. Une pause dont on ressent la durée, plus ou moins prolongée. Cette pause peut n'être qu'un point mort. Mais elle peut aussi avoir une valeur de relance, voire de précipitation. Elle peut constituer une scansion.

En musique cela s'appellera une syncope. Les silences font partie de la musique, ils comptent et sont comptés. Chaque silence porte un nom et possède un symbole graphique qui le représente sur la partition et est placé dans la mesure comme les notes. On distingue ainsi le soupir (valant la durée d'une noire), la pause (équivalent à quatre noires ou une ronde), la demi-pause, le demi-soupir, le quart de soupir, le huitième de soupir, etc. Assez rarement on peut rencontrer le bâton de pause (représenté par un carré noir) qui note un silence équivalent à une maxime (note qui dure huit noires [15]).

---

13. R. Barthes, *Le neutre. Cours au Collège de France* (1977-1978), texte établi par Thomas Clerc, Paris, Le Seuil-IMAC, 2002.
14. *Ibid.*, p. 40.
15. Communication de Sophie Aouillé.

Dans le *temps logique* la scansion joue son rôle de relance puisque ce sont les deux scansions (que Lacan qualifie après-coup, en 1966, de signifiantes) qui précipitent la certitude d'une conclusion anticipée et une sortie dans la hâte.

À cet égard, le *temps logique* représente un bel exemple de combinatoire des objets *a*. En effet, en 1973, dans son séminaire *Encore*, Lacan procède à un chiffrage du temps logique au moyen du calcul de la division harmonique, dans lequel il fait équivaloir le nombre d'or (issu de ce calcul) à l'objet *a* et plus précisément le regard [16]. Chacun des trois prisonniers, dit-il, « n'intervient dans ce ternaire qu'au titre justement de cet objet *a* qu'il est sous le regard des autres ». Ainsi, Lacan parvient à nouer un comptage de l'incommensurable du désir au comptage des prisonniers avec des nombres entiers : « En d'autres termes ils sont trois mais en réalité ils sont deux plus *a* », selon la réalité qui se règle sur l'objet cause de désir. Et il ajoute : « Et c'est bien en ceci que ce deux plus *a* se réduit non pas aux deux autres mais à un Un plus petit *a*. » Ce chiffrage explique la sortie dans la hâte : « C'est en tant que du petit *a* les deux autres sont pris comme Un plus petit *a* que fonctionne ce quelque chose qui peut aboutir à une sortie dans la hâte. » L'incommensurable du rapport du *a*, identifié au nombre d'or, au Un de l'identification au

16. J. Lacan, *Encore,* Paris, Le Seuil, 1975. Cf. nos éclaircissements concernant la relecture du temps logique dans *Encore* dans E. Porge, *Jacques Lacan, un psychanalyste. Parcours d'un enseignement,* Toulouse, érès, 2000, p. 205 et suiv.

rond blanc à quoi tend chacun des prisonniers, *précipite* l'anticipation de cette identification dont témoigne la sortie dans la hâte. Au point que l'objet *a* se confond avec cette hâte : « J'ai écrit quelque chose qui s'appelle "Le temps logique ou l'assertion de certitude anticipée" où on peut quand même très bien y lire, si on écrit et pas seulement si on a de l'oreille, que la fonction de la hâte, c'est la fonction de ce petit *a*, petit *h(a)té.* »

Au moment de conclure, ce qui fonctionne comme *a* n'est plus le regard mais un objet purement temporel, la hâte, à savoir l'imminence du temps d'avance possible de l'autre. Ce temps, qui ne se mesure pas en durée, est un objet de concurrence avec l'autre. Si on ne se précipite pas pour conclure on ne saura plus quoi conclure. La certitude de la conclusion liée à ce temps est anticipée. Ce temps se dissout dans l'acte de conclure. À ce moment il y a chute de l'objet *a* regard, dans le précipice entre ce qui est supposable vu par l'autre et ce que j'affirme en me déprenant de cette supposition.

L'objet h(a)té est-il un nouvel objet qu'il faudrait ajouter à la liste des objets *a* ? Comme le silence, il s'agit plutôt de cet élément neutre qui rend possible la dialectique des objets *a*, sans se réduire à l'un d'entre eux. Il marque la détermination temporelle de l'objet *a*.

Son rapprochement avec le silence est d'autant plus fondé qu'il y a quelque chose de commun entre eux. La hâte est une troisième dimension temporelle à part entière, s'ajoutant à la diachronie et la synchronie. De même que le silence manifeste une discontinuité dans le discours qui le rend audible, la hâte du moment de conclure manifeste une discontinuité temporelle indispensable à l'effectuation des autres temps (instant de voir, temps pour comprendre). La scansion est un temps d'arrêt silencieux.

Pour autant, nous le verrons, que la voix comme objet *a* est corrélée au silence, la hâte met en jeu la pulsion invocante.

C'est le trajet de celle-ci que nous allons maintenant suivre.

De l'existence d'un stade de l'écho

Quelquefois, ses réflexions sur comment vite débarrasser son cerveau échomatique ou plus exactement écholalique de certains mots anglais...

Louis Wolfson

En français, le mot « pulsion » traduit *Trieb*, venant de *treiben*, pousser ; l'accent est mis plus sur la poussée que sur la fixité d'un but, comme c'est le cas pour l'instinct[1]. Dès ses *Trois essais sur la théorie du sexuel*, en 1905, Freud introduit le terme dans la psychanalyse et en 1924 encore il concède que l'exploration de cette notion n'est pas achevée[2]. Elle est à pousser plus loin.

Dans « Pulsions et destins des pulsions », Freud définit la pulsion comme « un concept limite entre le psychique et le somatique, comme le représentant psychique des excitations, issues de l'intérieur du corps et parvenant au psychique ». C'est une force

1. Sur le modèle de la traduction anglaise *drive*, Lacan a aussi proposé la traduction de *Trieb* par « dérive ».

2. S. Freud, « Les égarements sexuels, Pulsions partielles et zones érogènes », dans *Trois essais sur la théorie du sexuel*, t. I, trad. La Transa, Paris, 1986, p. 111.

constante dont il est impossible de venir à bout par des actions de fuite.

Dans la suite de l'énoncé selon lequel l'inconscient est structuré comme un langage, Lacan reformule la définition freudienne de la pulsion ainsi : « C'est l'écho dans le corps du fait qu'il y a un dire[3]. »

La pulsion est donc une notion qui affronte la problématique de la limite, du bord entre le corps et le langage et lalangue[4]. Cette définition laisse augurer qu'une pulsion ayant pour objet la voix sera au plus près du fonctionnement de l'ensemble des pulsions sexuelles (Lacan n'emploie-t-il pas le terme « écho » ?). Beaucoup de chercheurs, en dehors de la psychanalyse, l'ont d'ailleurs souligné.

D'un strict point de vue anatomique la production des sons et la modulation de la voix font intervenir plusieurs organes : les poumons, les cordes vocales et la glotte, le vestibule pharyngé, la cavité rhino-pharyngée, les cavités nasales, la langue, les lèvres… Ivan Fónagy a répertorié les correspondances anatomiques des modalités de la vocalisation qui expriment la gamme des émotions[5]. En outre, dans ce qu'il appelle lui-même « les bases pulsionnelles de la phonation », il établit que les différents sons s'associent à des qualités telles que

3. J. Lacan, *Le sinthome*, Paris, Le Seuil, 2005, p. 17.
4. Néologisme introduit par Lacan pour désigner l'intégrale des équivoques dont est composée la langue dite maternelle du sujet, qui détermine le fonctionnement de l'inconscient, tant dans ses bévues que sa plongée dans la jouissance du corps.
5. I. Fónagy, *La vive voix. Essais de psychophonétique*, préface de Roman Jakobson, Paris, Payot, 1983.

douceur, gaieté… ou leurs contraires et même qu'il existe des correspondances entre certains sons et les stades oral, anal, phallique, uréthral, et ce en s'appuyant sur des observations de Ferenczi. Dans la période de babillage ce sont les consonnes doucereuses, *m, l* mouillé de l'érogénéité orale qui prédominent. Le babillage est centré sur la reproduction motrice de la succion. L'érotisme anal se manifeste lui par des consonnes dites agressives, *k, g, t*, et la constriction de la glotte. Les sons occlusifs équivalent à la contraction du sphincter anal. Pour le stade uréthral on a une prédominance du *s*, et pour le stade phallique du *r* apical.

Fónagy prend cependant bien soin de noter qu'il n'y a pas de correspondances univoques entre une pulsion et un son car il y a toujours intrication, complexité des sons et plasticité sémantique ; par ailleurs, il existe d'autres variables qui entrent en ligne de compte, tels l'accent et la prosodie de la parole.

Il n'en reste pas moins vrai que ces études vérifient le lien entre l'érogénéité du corps et lalangue, chaque pulsion en dessinant les contours.

Plutôt que de reprendre à son compte l'extension freudienne de la théorie des pulsions (pulsions du moi, de vie, de mort), qu'il examinera par ailleurs, Lacan se restreint au domaine des pulsions sexuelles en revisitant un par un les quatre termes par lesquels Freud les définit : la poussée *(Drang)*, le but *(Ziel)*, l'objet *(Objekt)*, la source *(Quelle)*[6].

6. J. Lacan, *Les quatre concepts fondamentaux de la psychanalyse*, Paris, Le Seuil, 1973.

La source, la poussée, l'objet, le but des pulsions

Résumons les principaux résultats de l'interprétation de Lacan. D'abord, je l'ai dit, il limite le nombre des pulsions sexuelles à quatre, pulsions orale, anale, scopique et invocante, selon *l'objet* concerné : le sein, le scybale, le regard, la voix. Ces quatre objets sont quatre formes de ce qu'il désigne du terme générique d'objet *a*, objet cause du désir, non spéculaire, non partageable, reste de l'opération de division de l'Autre par le signifiant représentant le sujet[7].

Une autre caractéristique de la pulsion, sur laquelle Freud insiste, interdit l'assimilation de celle-ci à une fonction biologique : il s'agit de la constance de sa *poussée*. La constance de la pulsion est directement liée à sa *source*, laquelle est une zone érogène ayant une structure de bord autour d'un orifice (la bouche, l'anus, les fentes palpébrales, les organes du système phonatoire). Lacan rend compte de cette constance en lui donnant une explication physique avec une référence au théorème de Stokes dans la théorie électro-magnétique, impliquant la rotation des variations de dérivée d'un vecteur sur le bord[8]. L'énergie n'est pas une substance, « c'est une constante numérique qu'il faut au physicien trouver dans ses calculs, pour pouvoir travailler ». « Sans cette constante, qui n'est rien de plus qu'une combinaison de calcul, plus de physique[9]. »

---

7. J. Lacan, *L'angoisse*, Paris, Le Seuil, 2004, p. 37.
8. J. Lacan, *Les quatre concepts…*, *op. cit.*, p. 155 et *Écrits*, Paris, Le Seuil, 1966, p. 847.
9. J. Lacan, *Télévision*, Paris, Le Seuil, 1973, p. 34.

Enfin, en ce qui concerne le *but* de la pulsion, dont Freud dit qu'il est la satisfaction *(Befriedigung)*, Lacan apporte une solution originale à l'objection que constitue la sublimation puisque Freud écrit qu'elle est « une satisfaction inhibée quant au but ». Cette solution fait jouer les deux sens du mot *Ziel* en anglais : *aim* et *goal*. L'*aim* est le trajet, la visée et le *goal* signifie que le coup a été marqué.

Cette trouvaille permet à Lacan de relier les quatre caractéristiques de la pulsion selon un montage topologique. C'est le trajet *(aim)* de la pulsion qui est son but *(Ziel)* de satisfaction et celui-ci a un tracé topologique, que Lacan appelle « le tracé de l'acte », qui part du bord de la zone érogène et y revient, faisant le tour de l'objet *a* :

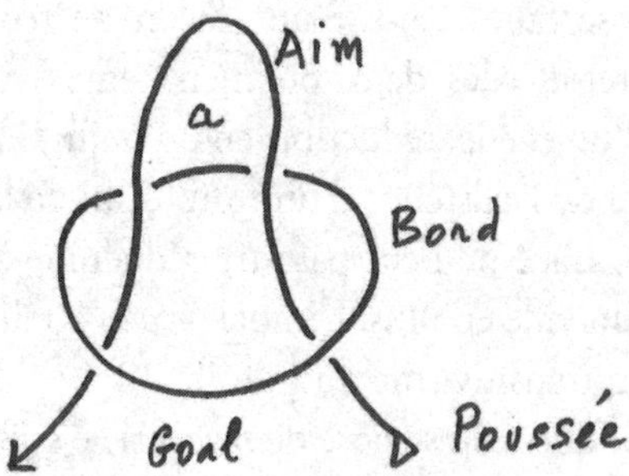

Le but est le trajet, comme le tao qui est « à la fois le chemin à parcourir et la fin du parcours, la méthode et l'accomplissement [10] ».

10. Lao-Tseu, cité par R. Barthes, *Le neutre*, Paris, Le Seuil-IMAC, 2002, p. 36.

Trois temps sont à compter. Freud en avait envisagé la possibilité pour le voyeurisme et le masochisme[11] : un temps actif et un temps passif de renversement *(Umkehrung)*, auxquels il faut ajouter un troisième temps, celui de l'introduction d'un nouveau sujet, à entendre : il est nouveau que se produise un sujet, un sujet qui « apparaît de ne pas apparaître[12] ». Lacan généralise l'existence de ces trois temps aux quatre pulsions et les fait correspondre à trois formes grammaticales, active, passive, réfléchie, ce qui donne par exemple pour la pulsion orale : manger, être mangé, se faire manger.

La grammaire vectorise le trajet de la pulsion, à la limite du corps et de lalangue.

Le comptage par Lacan d'un troisième temps, celui d'un « se faire… », est une façon de reconnaître que l'aller-retour des deux premiers temps ne suit pas le tracé d'un cercle, réductible en un point, mais qu'il tient compte de l'existence d'un trou (celui de la source), car alors le tracé ne peut pas être réductible à un point, il cerne un vide en plus. L'impair – *odd* – fait sortir la pulsion du transitivisme du miroir.

La question se pose de savoir si ce schéma convient aussi à la pulsion invocante et si les particularités de celle-ci, au regard des autres pulsions, ne lui confèrent pas une place spéciale que je désigne avec l'expression « stade de l'écho ».

---

11. S. Freud, *Métapsychologie*, Paris, Gallimard, 1968, p. 25-29.
12. J. Lacan, *Les quatre concepts…*, *op. cit.*, p. 163.

Remarquons que si c'est en 1958 que Lacan introduit la voix, et nommément la voix dans la psychose, dans la liste des objets *a*, avant d'y compter le regard, l'expression « pulsion invocante » n'apparaît qu'en 1964, le 20 mai, dans *Les quatre concepts* et encore pas sans une certaine hésitation : « [...] celle qu'il faudrait presque appeler pulsion invocante », dit-il [13].

La particularité de la pulsion invocante que Lacan relève porte sur le troisième temps de son trajet, le « se faire entendre », mais elle est suffisamment importante pour en entraîner d'autres conséquences. Elle consiste en ce que le trajet-but de la satisfaction ne reviendrait pas vers le sujet comme pour les autres mais vers l'Autre [14]. Un peu plus loin il précise qu'elle a le privilège de ne pas pouvoir se fermer du fait de revenir aux oreilles [15].

De bouche à oreille

Mais si cette pulsion ne peut pas se fermer, alors le schéma précédent de la pulsion n'est plus valide et le montage s'écroule – *quid* de la satisfaction ? Quant à dire que le trajet revient non vers le sujet mais vers l'Autre, quel sens cela a-t-il, puisque c'est de toute façon le propre de chaque pulsion dont le troisième temps voit (de ne pas voir) le surgissement du sujet au champ de

---

13. *Ibid.*, p. 182 et p. 178.
14. *Ibid.*, p. 178.
15. *Ibid.*, p. 181.

l'Autre. Ne faut-il pas renverser le propos et dire qu'en fait toute pulsion est invocante [16] ?

Ces objections me conduisent à reconsidérer le fait – implicite, bien que Lacan ne s'y attarde pas – que la pulsion invocante convoque non pas un mais deux orifices : la bouche pour parler, appeler et l'oreille pour écouter, entendre. Elle est prise en tenaille entre l'*oris* (oralité) et l'*auris* (« l'auricularité »).

Cette particularité participe du caractère insaisissable de la voix, de l'impossibilité de la localiser sinon dans un entre-deux, ici la bouche et l'oreille. Cette dualité des sources inscrit d'emblée la pulsion invocante dans une problématique de division et de séparation de la relation du sujet à l'Autre.

La voix se situe entre le dedans et le dehors, ce qui la rend apte, quand elle est sonorisée, à jouer le rôle d'objet transitionnel comme l'a remarqué Winnicott [17]. Il n'est cependant pas obligé qu'elle stagne dans cette aire de jeu intermédiaire. Elle crée des passages entre un sujet qui parle et un autre qui entend, mais aussi et surtout entre un sujet et lui-même, pour la raison que si l'autre n'entend pas ma voix comme je l'entends, pas plus ne l'entendé-je comme je l'émets (notamment parce que le crâne fait caisse de résonnance, d'écho).

16. C'est ce qu'écrit André Green à partir d'une autre approche dans sa préface à l'ouvrage *Au commencement était la voix,* sous la direction de M.-F. Castarède et G. Konopczynski, Toulouse, érès, 2010, p. 16.

17. D.W. Winnicott, *Jeu et réalité. L'espace potentiel*, Paris, Gallimard, 1975, p. 8-9.

C'est ce qu'atteste le sentiment d'étrangeté ressenti à l'écoute d'un enregistrement magnétophonique de sa voix et ce avec quoi ont à faire les chanteurs, comme le note Lacan qui parle à ce propos de méconnaissance[18]. Les musiciens compositeurs témoignent aussi de ce caractère fuyant de la « voix intérieure », des sons lorsqu'ils écrivent la musique.

« On entend sa voix par la gorge et celle des autres par les oreilles. Le plus familier se teinte d'étrangeté comme si un double, infiniment proche pourtant, s'y exprimait. *La voix n'est plus tout à fait sienne sans être tout à fait autre*[19]. »

Comme l'écrit aussi Maurice Merleau-Ponty : « Je ne m'entends pas comme j'entends les autres, l'existence sonore de ma voix pour moi est pour ainsi dire mal dépliée ; c'est plutôt un écho de son existence articulaire, elle vibre à travers ma tête plutôt qu'au dehors[20]. » On peut enfin citer Michel Leiris : « S'entendre ainsi, n'est-ce pas se trouver devant son double dont la rencontre est signe de mort suivant une croyance rapportée par Nerval dans son semi-fictif *Voyage en Orient*[21] ? »

L'étrangeté à l'écoute de sa propre voix peut expliquer le soi-disant (car non organique) « chanter faux »

18. J. Lacan, *L'angoisse*, Paris, Le Seuil, 2004, p. 319.
19. D. Le Breton, *Éclats de voix. Une anthropologie des voix*, Paris, Métailé, 2011, p. 57. Phrase soulignée par nous. L'auteur se réfère au personnage de Kyo dans *La condition humaine* de Malraux.
20. M. Merleau-Ponty, *Le visible et l'invisible*, Paris, Gallimard, 1964, p. 190 et p. 194.
21. Cité par D. Le Breton, *op. cit.*, p. 58.

de certains, voire aller jusqu'à l'angoisse et à l'effroi comme en témoigne la photo de cet enfant sourd qui pour la première fois entend sa voix[22].

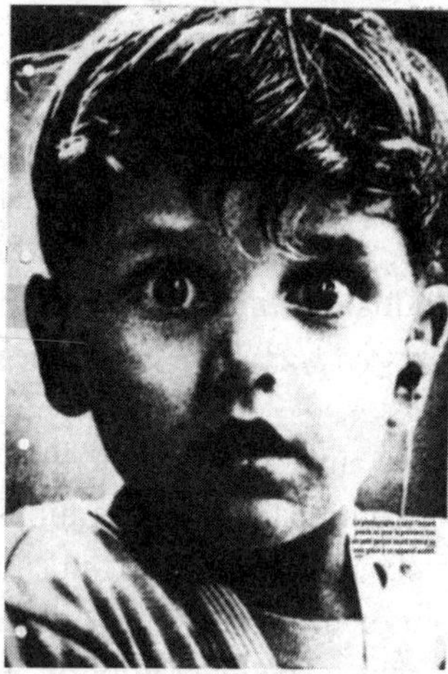

À ce titre, et en faveur d'un stade de l'écho, je pose l'équation : ma voix = l'écho de ma voix. Ou : la voix, comme objet *a*, est *l'a-phonie,* la perte du sonore.

Si Lacan ne s'attarde pas, en 1964, sur la dualité des sources de la voix dans le cas de la pulsion invocante, il n'en a pas moins préalablement déblayé le terrain, d'une part en insistant sur le lien intrinsèque entre l'ouïr et le parler, d'autre part en inscrivant *a* dans le réseau des connexions des différentes formes d'objet *a*, comme nous l'avons présenté dans le deuxième chapitre.

Dans son séminaire *Les psychoses*, en 1955 et 1956, il énonce que « l'ouïr et le parler sont comme l'endroit

22. Photo communiquée par Paul Alérini.

et l'envers[23] », ce qui de façon anticipée fournit le patron d'un tissu topologique möbien entre les deux orifices buccal et auriculaire.

C'est donc assez naturellement que je me suis aidé de ce frayage par Lacan pour modifier son schéma général des pulsions d'une façon qui tienne compte de la dualité des sources dans le cas de la pulsion invocante. Plutôt que de souscrire à l'idée qu'elle ne se ferme pas, du fait de son retour sur l'Autre, je propose de dire qu'elle se ferme Autrement.

À la dualité des sources je fais correspondre un trajet en double boucle[24] :

au lieu de : 

et passant par la bouche et l'oreille :

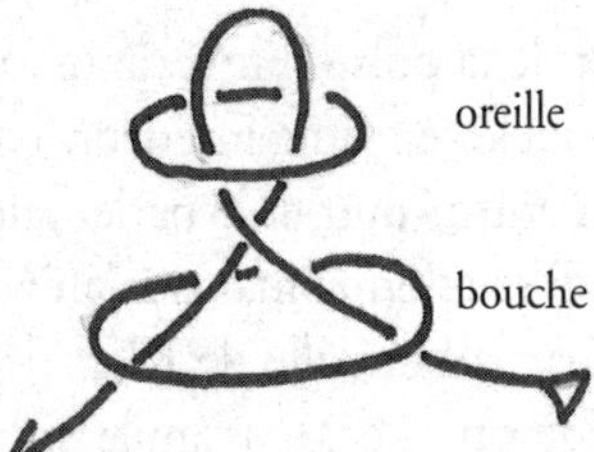

23. J. Lacan, *Les psychoses*, Paris, Le Seuil, 1981, p. 155.
24. Cf. mon article « Les voix, la voix », paru dans *Essaim,* n° 26, « Se faire entendre », Toulouse, érès, printemps 2011.

L'orifice de l'oreille peut se projeter sur celui de la bouche (ou inversement) et on obtient alors la surface d'un tore, ce qui permet de simplifier le trajet autour des deux orifices :

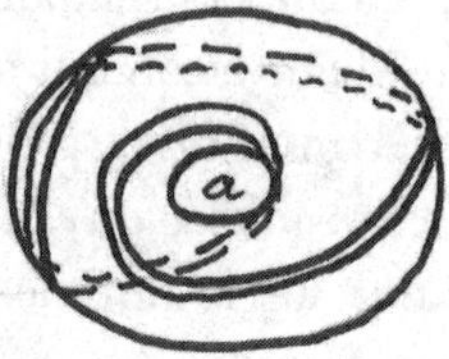

Le tore étant la doublure d'une surface de Klein, le trajet est en fait la projection de celui d'une coupure de la bouteille de Klein, coupure qui la sépare en deux bandes de Möbius :

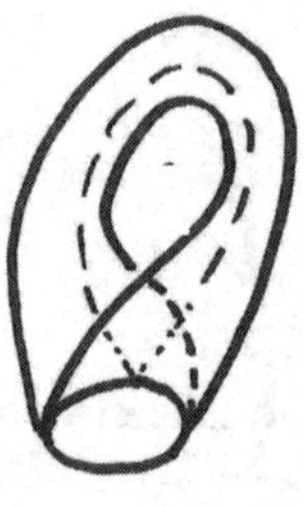

Le trajet de la pulsion invocante est donc un trajet en double boucle, en huit intérieur, correspondant au bord möbien entre l'ouïr et le parler auquel faisait référence Lacan. Il se referme mais sur un vide, celui de l'espace enclos par la bouteille de Klein, dont *a* occupe la place. Un vide que Lacan assimile au silence[25], partenaire de la voix comme nous le verrons plus loin.

25. J. Lacan, *Problèmes cruciaux pour la psychanalyse*, 17 mars 1965, inédit.

La confirmation de notre hypothèse vient de l'équivalence qu'à deux reprises Lacan établit entre les quatre formes d'objet *a* et quatre objets topologiques, la sphère, le tore, le cross-cap, la bouteille de Klein, qui sont quatre surfaces fermées, de couture de la relation du sujet à l'Autre [26]. Il ne précise pas quel objet *a* correspond à quelle surface mais une phrase [27] confirme que la bouteille de Klein correspond précisément à la voix.

En prenant en compte le trajet autour de deux orifices on peut examiner comment se reformulent les trois temps de la pulsion invocante, puisqu'ils doivent combiner, connecter deux séries : celle issue de la bouche, du parler ou de l'appeler et celle issue de l'oreille, de l'écouter, de l'entendre. On aura donc :

– la série de trois temps : parler ou appeler ; être parlé ou être appelé ; se faire parler ou se faire entendre ;
– et la série : entendre ou écouter ; être entendu ou être écouté ; se faire entendre, se faire écouter.

Selon le choix du verbe retenu, il y a des variations de sens dans chacune des séries qui tantôt sont complémentaires (parler ou appeler et être entendu ou écouté ; entendre et être appelé), tantôt sont facteurs d'un renversement (se faire parler ou se faire appeler et se faire appeler ou se faire entendre). Ces variations justifient le trajet en boucle de la pulsion invocante.

D'autres considérations seraient à faire concernant le choix des vocables pour signifier les trois temps de la

26. *Ibid.*, 16 juin 1965, inédit et *D'un Autre à l'autre*, Paris, Le Seuil, 2006, p. 249.
27. J. Lacan, *D'un Autre à l'autre, op. cit.*, p. 258.

pulsion invocante et les équivoques qui s'ensuivent, ainsi que concernant les courts-circuits et les croisements des trajets. Nous retrouvons là la problématique générale de la pulsion qui se trouve à la limite de lalangue et du corps, d'un corps troué représentant le sexuel. Cette problématique générale trouve une exemplarité, voire une origine, dans la pulsion invocante.

Pulsion invocante et parole

Comme l'écrit Henri Meschonnic, « la voix est à la fois du corps et du langage[28] ». Elle est à la croisée du son et du sens, de l'affect et de la signification, du corps et du langage, elle est leur « discorde ». « Parce qu'elle est silence, la voix divise et sépare[29]. » Signe de folie, les hallucinations verbales sont aussi le levier de l'action de l'analyste. « C'est avec ce qui se propose d'emblée dans la rencontre avec le fou, c'est-à-dire la voix, qu'on peut opérer[30]. » Car c'est aussi parce qu'elle divise le parler et l'entendre que la voix, reconnue, peut se faire objet d'une adresse Autre, d'une réinscription.

De même que la dualité du parler et de l'entendre, inhérente à tout acte de parole, entraîne une méconnaissance de la voix, elle introduit la division du sujet dans son rapport à la parole, pour autant que la parole est

28. H. Meschonnic, « La voix-poème comme intime extérieur », dans *Au commencement était la voix, op. cit.*, p. 61.
29. S. Rabinovitch, *Les voix,* Toulouse, érès, 1999, p. 176.
30. *Ibid.*, p. 196.

vocale et que le vocal est lié aux affects, aux équivoques du signifiant et aux effets de sens.

Comme l'écrit Montaigne, « la parole est moitié à celui qui parle, moitié à celui qui écoute[31] ». Ce à quoi Lacan fait écho en ouvrant les *Écrits* avec « le style c'est l'homme […] à qui l'on s'adresse » ou en disant que « dans le langage notre message nous vient de l'Autre sous une forme inversée », ce qu'il illustre avec sa lecture de *La lettre volée* d'Edgar Poe. C'est dans l'entre-deux de l'ouïr et du parler que vont se glisser les formations de l'inconscient, tant les lapsus de la parole que ceux de l'écoute[32], mais aussi les oublis de mots, les actes manqués, les symptômes et toutes les formes possibles de méconnaissances.

De fait, la dualité pulsionnelle se manifeste pour chacun aussi bien sur l'axe imaginaire du schéma L[33], dans ce que l'on appelle le discours intérieur, que sur l'axe symbolique de l'adresse à l'Autre.

La voix n'est pas seulement quelque chose d'intérieur qui passe à l'extérieur, comme si la frontière était déjà constituée, elle est aussi appréhendée comme un intérieur à partir de l'extérieur dans ce qu'on appelle le discours intérieur, qui accompagne tout individu et qui double son discours extérieur, discours intérieur

---

31. M. de Montaigne, *Essais*, Livre III.
32. Cf. V. Clavurier, « Psychopathologie quotidienne et savoir-faire *(hören)* de l'analyste », *Essaim*, n° 11, Toulouse, érès, printemps 2003.
33. J. Lacan, « Séminaire sur la lettre volée », dans *Écrits*, Paris, Le Seuil, 1966, p. 53.

qui peut aller jusqu'au commentaire des actes de l'automatisme mental, ou se constituer comme voix de la conscience (le surmoi).

L'écho intérieur de sa propre parole a la même structure que l'hallucination verbale[34]. Le sujet dit normal se met dans la position de ne pas prendre au sérieux la plus grande partie de son discours intérieur[35]. Et parler de discours « intérieur » en fausse l'approche car ce monologue dit « intérieur » est en continuité avec le dialogue dit « extérieur[36] ». C'est un discours qui double les paroles émises. Il provient d'un double du moi, un moi qui parle à un autre moi chez le même sujet. Lacan en fait l'expérience en faisant l'exposé de « La chose freudienne » à Vienne en 1955 (l'année de son séminaire sur les psychoses) quand, à sa surprise, son pupitre se met, dit-il, à parler[37]. Il y a une sorte d'automatisme mental normal, qui ne va pas jusqu'à la sonorisation hallucinatoire dans laquelle le sujet entend des commentaires sur ses actions et ses pensées[38]. Dans d'autres cas, ce n'est plus seulement un double du moi qui parle au moi, mais le sur-moi, soit une voix qui à la limite n'est pas sonorisée et qui ne doit son autorité qu'à représenter l'altérité pure de ce qui se dit, sans autre garantie que de s'énoncer même silencieusement[39].

34. J. Lacan, *Les psychoses, op. cit.*, p. 182.
35. *Ibid.*, p. 140.
36. *Ibid.*, p. 128.
37. *Ibid.*, p. 84 et *Écrits, op. cit.*, p. 425.
38. J. Lacan, *Les psychoses, op. cit.*, p. 219.
39. J. Lacan, *L'angoisse, op. cit.*, p. 318-319.

De là on pourrait envisager le stade de l'écho comme constitutif du surmoi, à l'instar du stade du miroir constitutif du moi. D'autant que, selon Lacan, l'apparition du surmoi se fait « à un *stade* [c'est nous qui soulignons] si précoce qu'il paraît contemporain, voire antérieur à l'apparition du *moi*[40] ». Néanmoins, il serait réducteur de faire du stade de l'écho un stade du surmoi. Le surmoi constitue une impasse du désir de l'Autre qui pointe dans le *che vuoi ?* Réduire le stade de l'écho à un stade du surmoi serait ravaler la pulsion invocante à son seul aspect convoquant, voire révoquant. Ce serait barrer l'accès de la pulsion invocante au *fort-da* où « commence l'incantation[41] ».

ÉCHO ET MIROIR

Si l'on se réfère au schéma L, l'écho du discours intérieur se situe sur la ligne a' – a de la relation imaginaire, qui inhibe l'axe symbolique A-S. La relation a'-a se réfère explicitement au stade du miroir[42], à savoir le moment où le sujet anticipe la complétude de son moi dans l'unité d'une image reconnue par l'Autre.

Est-ce à dire que la voix comme écho – et jusque dans ses manifestations symptomatiques comme l'écholalie – soit réductible à la structure du stade du miroir ? Oui et non. Oui car dans le stade du miroir il faut compter avec la participation de la pulsion (notamment

40. J. Lacan, *Écrits, op. cit.*, p. 136.
41. J. Lacan, *Les quatre concepts…, op. cit.*, p. 60.
42. J. Lacan, *Écrits, op. cit.*, p. 53, p. 549.

invocante) ; non car cette dernière excède et précède le stade du miroir. C'est pour cerner ce oui et ce non que nous posons l'existence d'un stade de l'écho.

Dans la version de 1949 du « Stade du miroir », ni la voix ni la pulsion invocante n'interviennent. Pourtant tout le texte est tendu vers une ligne de partage entre l'imaginaire et « l'efficacité symbolique », entre l'aliénation du moi à son image et la formation du *Je* « avant que le langage ne lui restitue dans l'universel sa fonction de sujet[43] ».

En revanche, dans la version « généralisée » du stade du miroir qu'il présente en 1960 dans « Remarque sur le rapport de Daniel Lagache » au moyen du schéma optique spécialement construit à partir du modèle du physicien H. Bouasse créant l'illusion du bouquet renversé[44], Lacan restitue pleinement sa fonction à la dimension symbolique de la parole (l'Autre) dans l'avènement du moi, et ce notamment « dans le geste par quoi l'enfant au miroir, se retournant vers celui qui le porte, en appelle du regard au témoin qui décante, de la vérifier, la reconnaissance de l'image[45] », ou simplement lorsque survient un bruit quelconque, une mouche qui vole, un chien qui aboie, qui surprend et détourne du champ de visibilité. En outre, il pointe la fonction et la position de l'objet *a*, objet du désir, objet partiel, élément de structure dès l'origine et lié aux orifices du corps.

---

43. *Ibid.*, p. 94.
44. *Ibid.*, p. 673, 674, 680.
45. *Ibid.*, p. 678.

Dans son abord des pulsions en 1964, Lacan commencera par se référer à ce modèle optique pour y souligner de nouveau que « c'est dans l'espace de l'Autre qu'il [le sujet] se voit et le point d'où il se regarde est lui aussi dans cet espace [même si les deux points ne sont pas les mêmes]. Or c'est bien ici aussi le point d'où il parle, puisqu'en tant qu'il parle, c'est au lieu de l'Autre qu'il commence à constituer ce mensonge véridique par où s'amorce ce qui participe du désir au niveau de l'inconscient[46] ».

Cette généralisation du stade du miroir donne donc une place aux objets de la pulsion, dans leur désordre et au niveau de l'image réelle du vase renversé, invisible comme telle, avant d'en réaliser l'illusion dans l'image virtuelle.

La voix fait partie de ces objets d'autant que c'est elle qui va être réactivée dans la fonction symbolique de la parole et de l'idéal du moi, nécessaire à la constitution du moi en ceci que « le sujet se plaira à retrouver les marques de réponse qui furent puissantes à faire de son cri appel. Ainsi restent cernées dans la réalité, du trait du signifiant ces marques où s'inscrivent le tout pouvoir de la réponse. Ce n'est pas en vain qu'on dit ces réalités insignes. Ce terme y est nominatif. C'est la constellation de ces insignes qui constitue pour le sujet l'Idéal du Moi. Notre modèle montre que c'est à s'y repérer en I qu'il braquera le miroir A pour obtenir entre autre effet tel mirage du Moi Idéal[47] ».

46. J. Lacan, *Les quatre concepts…*, *op. cit.*, p. 132.
47. J. Lacan, *Écrits, op. cit.*, p. 679.

Dès lors que l'on peut séparer le moi de l'objet *a*, le stade du miroir ne peut être dit stade du regard ; il est un stade de la disjonction du regard et de la vision, puisque l'objet *a* n'a précisément pas d'image spéculaire. En ce sens il y a du stade de l'écho dans le stade du miroir et il n'est pas le stade de la voix. La voix n'est pas spéculaire, elle n'a pas de représentation et elle est disjointe de sa représentation sonore, de son écho. Dans le stade du miroir le regard se détache de la vision et dans le stade de l'écho la voix se détache de l'écho sonore.

Le stade de l'écho trouve sa pertinence dans la contemporanéité du stade du miroir en raison de l'importance de la fonction symbolique qu'y joue la parole, puisque le point d'où le sujet se regarde est le point d'où il parle et d'où il fait de son cri appel. En même temps, pour que le stade de l'écho joue son rôle dans le stade du miroir, il faut que d'une certaine façon il ait déjà existé, que le cri ait été poussé, que la voix se soit ourlée de silence, que le cri soit devenu appel.

Narcisse et Écho

Un détour par le mythe fondateur de Narcisse, tel qu'il nous est transmis par Ovide[48], nous aidera à démêler les intrications entre miroir et écho, puisque précisément les deux composantes y sont complices. Le complexe du miroir est un complexe de miroir et d'écho.

Rappelons quelques éléments qui nous paraissent significatifs pour notre propos. L'histoire commence

48. Ovide, *Les Métamorphoses*, Livre III, 356.

avec la prédiction de Tirésias qui, à la question posée par la mère de Narcisse de savoir s'il vivrait longtemps, répondit : « S'il ne se connaît pas. » Un jour, chassant le cerf, Narcisse frappe le regard de la nymphe Écho, qui a encore un corps mais « qui ne sait ni se taire quand on lui parle, ni parler la première ». Cet état lui a été infligé par Junon en représailles de l'avoir trompée par des paroles mensongères afin de protéger les amours de Jupiter. À peine Écho aperçoit-elle Narcisse qu'elle s'éprend de lui et s'attache à ses pas, répétant ses paroles ou plutôt leur fin. Mais quand elle se précipite pour l'enlacer, il la repousse et fuit comme à son habitude. Alors Écho se cache, dépérit et il ne lui reste finalement que sa voix et ses os qui prennent la forme d'un rocher. Écho n'est pas la seule à avoir été repoussée par Narcisse et un jour une personne éconduite lance cette malédiction : « Puisse-t-il aimer lui aussi et ne jamais posséder l'objet de son amour », vœu qu'une déesse exauce : Narcisse tombe amoureux de son image qu'il contemple dans l'eau d'une source où il est venu s'abreuver. Sans s'en douter il se désire lui-même, il est l'amant et l'objet aimé. Il ne peut s'arracher à ce lieu, implorant son aimé dont seule une surface d'eau le sépare. « Où fuis-tu quand je te cherche ? », clame-t-il. Il finit par comprendre que cet autre aimé n'est autre que lui-même. « Je brûle d'amour pour moi-même », « ce que je désire est en moi », dit-il. Comment obtenir dès lors ce qu'il désire, si ce n'est en se séparant de son corps ? La douleur épuise ses forces, il se consume et attend la mort qui le délivrera de ses tourments et l'unira enfin à lui-même. Mais il résiste à mourir et s'agrippe à son amour. Écho passe par là et malgré son ressentiment le prend en pitié. Chaque fois qu'il dit « hélas », sa voix lui répond en répétant « hélas ». Finalement, à bout de souffle, Narcisse meurt. Ovide écrit ironiquement que « même après qu'il fut entré au séjour infernal il se regardait encore dans l'eau du Styx ».

Quelques remarques s'inscrivent dans le fil de mon propos. D'abord, l'histoire de Narcisse est intriquée avec celle d'Écho, de son amour pour lui. Narcisse et Écho ont une histoire d'amour, même s'il n'est pas partagé.

Avec Écho il y a redoublement de la voix de Narcisse, avec le miroir de l'eau il y a redoublement de l'image. Ce ne sont pas les mêmes redoublements. Ils se conjuguent mais ne s'équivalent pas. L'un concerne l'image, l'apparence, l'autre le son, la parole. L'un est totalisant (l'image d'un ensemble), l'autre est partialisant (l'écho d'une partie des paroles). Par ailleurs, il y a deux mouvements en sens contraires : Narcisse se rapproche de son image, Écho s'éloigne du son émis [49].

Comme l'a noté Claude Jaeglé, « le redoublement de la voix de Narcisse dans la voix de la nymphe Écho signifie qu'un changement de sexe accompagne le phénomène de l'écho [50] ».

Cela témoigne du fait que la problématique du miroir et celle de l'écho ne se superposent pas, là même où elles sont intriquées. L'écho n'est pas la réduplication de ce qui se passe dans le miroir.

---

49. Remarque de Frédéric Pellion.

50. Cf. C. Jaeglé, *L'interview. Artistes et intellectuels face aux journalistes*, Paris, PUF, 2007.

S'il est mis du côté du féminin, ne serait-ce pas qu'il touche à une part obscure, qui s'oppose à la lumière du miroir et en rapport avec le continent noir ? Le miroir a besoin de lumière pour refléter l'image, l'écho n'en a pas besoin dans l'obscurité des cavernes et la nuit peut même en amplifier la résonnance.

Si Écho est devenue « celle qui ne sait ni se taire quand on lui parle, ni parler la première », c'est pour avoir péché (selon Junon) par la parole. Elle est punie par où elle a péché car elle a menti à Junon, sa parole a été trompeuse. Est-ce à dire qu'il ne lui reste avec l'écho qu'une parole non trompeuse ? On ne saurait aller jusque-là puisque Narcisse se laisse illusionner par Écho, croyant y entendre la parole de son reflet.

Mais elle, Écho, n'a pas l'intention de tromper. Il y a dans l'écho suppression d'une dimension de tromperie inhérente à la parole. Quelle dimension ?

Dans le récit d'Ovide, l'existence d'Écho précède celle de Narcisse. Narcisse n'est pas encore Narcisse quand il rencontre Écho, qui est, elle, la nymphe déjà transformée par Junon.

C'est en suivant cette intrication que je vais essayer de mieux cerner les caractéristiques d'un stade de l'écho précédant, même virtuellement, le stade du miroir et indépendant de lui, ou l'excédant.

Deux facteurs sont intrinsèquement liés à la voix et contribuent à singulariser la pulsion invocante : le silence et le cri. Il y a un nouage premier du silence et de la voix dans le cri, selon les variétés du crier : hurler, vociférer, gueuler, striduler, tonitruer, tonner.

« N'entendez-vous pas l'épouvantable voix qui hurle tout autour de l'horizon et qu'on appelle communément le silence[51] ? »

Nouage de la voix, du cri et du silence

Entre la voix et son écho se glisse le silence. S'il n'y avait pas le silence on n'entendrait pas l'écho. La voix sans écho c'est le silence. Le silence est l'écran, aux deux sens du terme, et pour faire une analogie avec le regard, sur lequel se projette la voix et qui la masque.

Il importe de cerner l'entrelacs du silence et de la voix, de la voix comme objet *a*, c'est-à-dire séparée et séparable. La béance entre les deux orifices de la source de la pulsion invocante ne fait qu'accentuer le caractère « séparé » de la voix. Ce sont ces caractéristiques qui ont permis à Lacan d'isoler la voix comme objet *a* en prenant pour modèle les voix non sonorisées de l'automatisme mental, ainsi que nous l'avons dit dans le premier chapitre.

Comme n'importe quel objet *a*, la voix n'a pas d'image spéculaire. Le regard n'est pas la vision : ce qui nous regarde c'est, par exemple, le blanc de l'œil de l'aveugle[52]. Comme objet *a* la voix se détache des représentations sensorielles (par exemple celles qui sont chantées, d'où le caractère fuyant de la voix intérieure). La sonorisation est une imaginarisation plus ou moins plaisante de la voix. Elle fonctionne comme

51. G. Büchner, *Lenz*. Cité par P.-L. Assoun, *Le regard et la voix*, t. II, Paris, Economica, 1995, p. 5.

52. J. Lacan, *L'angoisse, op. cit.*, p. 293.

plus-de-jouir. Ce qui caractérise la voix comme objet *a* est le fait qu'il y ait passage par un ou deux orifices corporels (la source de la pulsion) et l'existence d'une scansion, d'un intervalle d'ouverture et de fermeture, qui fait office de coupure[53].

La vraie structure de la voix est temporelle. « La voix peut être strictement la scansion avec laquelle tout cela je vous le raconte », dit Lacan lors de son séminaire du 9 avril 1974. « Il y a quelque chose comme ça qui est lié au temps que je mets à dire les choses, puisque l'objet petit a est lié à cette dimension du temps[54]. »

Cette phrase pourrait d'ailleurs être mise en exergue du livre de Claude Jaeglé au titre évocateur[55]. Il y montre comment la voix de Lacan force l'attention du fait des exceptionnelles fréquence et durée (qu'il a mesurée sur des enregistrements) de ses silences et de ses pauses oratoires, ainsi que des multiples changements de registres de ses intonations. Celles-ci peuvent d'ailleurs aller jusqu'à des vociférations. C'est, selon nous, à mettre en rapport avec cette phrase des *Écrits* (qui de surcroît comporte une citation, soit une autre voix) : « Je suis à la place où se *vocifère* que "l'univers est un défaut dans la pureté du Non-Être[56]". » Claude Jaeglé considère que les particularités de la voix de

53. E. Porge, « Les voix, la voix », *op. cit.*

54. J. Lacan, *Les non-dupes errent,* 9 avril 1974, inédit.

55. C. Jaeglé, *Portrait silencieux de Jacques Lacan*, Paris, PUF, 2010.

56. J. Lacan, « Subversion du sujet et dialectique du désir », dans *Écrits, op. cit.*, p. 819.

Lacan à ses séminaires relèvent du drame du malentendu : « Une voix enfantée par un univers de malentendus. Une voix formée et déformée par l'impuissance à se faire entendre. » Sa voix parle aux sourds[57].

Les pauses dans la parole sont essentielles à son écoute. Chez la mère, une voix plate, sans coupure entre les fragments sonores est très mal ressentie par l'enfançon, qui s'en détourne. On peut aussi se demander si les silences dans le discours ne constituent pas parfois un équivalent de l'écho de la parole ou son endiguement.

Comme les autres objets *a*, la voix supplée à la carence de signifiant qui répondrait à la question du sujet de sa place dans et pour l'Autre. C'est parce qu'il y a identité de structure de coupure entre $ et *a* que *a* peut suppléer à la « nomination défaillante » du sujet.

La voix est partenaire du silence, le silence de l'Autre. Le vide dans lequel la voix résonne n'est pas un vide spatial, « il est le vide de l'Autre comme tel, l'*ex nihilo* à proprement parler. La voix répond à ce qui se dit mais elle ne peut pas en répondre. Autrement dit pour qu'elle réponde nous devons incorporer la voix comme l'altérité de ce qui se dit[58] ». Le vide de l'Autre est le vide de son manque de garantie ultime, de l'énigme de son désir et de sa jouissance. « Or c'est dans ce vide que résonne la voix en tant que distincte des sonorités, non pas modulée mais articulée[59]. » En pre-

57. C. Jaeglé, *Portrait…*, *op. cit.*, p. 43, 47.
58. J. Lacan, *L'angoisse*, *op. cit.*, p. 318-319.
59. *Ibid.*

nant comme exemple le son du chofar au Yom Kippour[60], Lacan interpelle le pacte avec Yahvé.

Il existe plusieurs modalités du lien du silence à la voix. Le silence peut être celui qui suscite la voix de l'autre : « […] comme personne ne l'interroge elle se met à raconter des histoires dans le vide par petits bouts[61] ». Le silence peut aussi avoir une valeur pulsionnelle, comme nous l'avons déjà vu dans la partie sur la connexion des objets *a*.

Dans la relation au silence il y a lieu de distinguer le silence du *tacere* de celui du *silere*, même si dans l'histoire ils ont fini par se confondre : « *Tacere* comme silence de parole s'oppose à *silere* comme silence de nature ou de divinité puis, dernier avatar, les deux s'égalisent, deviennent synonymes mais au profit du sens de *tacere*[62]. » Cette distinction est une façon de faire entendre le serrage du silence par les dimensions du réel, du symbolique et de l'imaginaire. Le mythe d'Écho, transformée en rocher, est la façon mythique d'écouter le silence de la nature.

Au-delà des modalités de silence du *tacere* il y a une relation au vide du silence *silere*, constitutive d'un bord entre silence et voix qu'un sujet peut entrevoir, ou entr'entendre, lors d'expériences subjectives cruciales.

---

60. *Ibid.*, p. 283.

61. F. Kafka, *Journal*, Paris, Grasset, p. 459, signalé par Claude Jaeglé.

62. R. Barthes, *Le neutre*, Paris, Le Seuil-IMAC, 2002, p. 50. Lacan évoque aussi la distinction entre *silere* et *tacere* dans *Problèmes cruciaux pour la psychanalyse* et dans *La logique du fantasme*, 12 avril 1967.

C'est le cas du beau roman de Catherine Millot, *Ô Solitude*[63]. Elle y relate sa quête précoce d'une solitude « habitée de silence ». Une solitude sans partage, d'avant la parole intérieure (dernier cercle de l'Enfer), qui cesserait avec la distinction entre le dedans et le dehors, laquelle ne s'opère qu'une fois que le moi a pris forme. Solitude qui se confondrait avec une altérité régnant sans partage, dans l'extase et dans l'angoisse. En ce temps mythique coexisteraient ou alterneraient la déréliction qui fait surgir l'Autre comme tel avec l'énigme de son désir et le ravissement de la non-dualité retrouvée[64].

Catherine Millot cite aussi le récit de l'explorateur ornithologue, W.H. Hudson, *Un flâneur en Patagonie*, dans lequel il raconte notamment les journées où il allait s'isoler dans le désert de Patagonie, et où il écrit cette phrase si significative : « Un jour que *j'écoutais* le silence, je me demandai soudain l'effet que je produirais si je me mettais à crier[65]. »

Silence, voix, cri forment un nœud. « Le cri fait le gouffre où le silence se rue », dit Lacan en commentant

---

63. C. Millot, *Ô Solitude*, Paris, Gallimard, 2011. C'est une citation de la poétesse Katherine Philips.
64. C. Millot cite d'ailleurs R. Barthes qui rêve d'un *silere* (à l'image du Dieu de Boehme) au-delà du silence verbal *(tacere)* (R. Barthes, *op. cit.*, p. 49). Dans son *Journal de deuil* (Paris, Le Seuil, 2009), Barthes fait aussi part de son « besoin de solitude » (p. 101).
65. W. H. Hudson, *Un flâneur en Patagonie*, Paris, Payot, 2002, p. 206.

le tableau d'Edvard Munch, *Le cri*[66]. Le cri, dit-il, est traversé par l'espace du silence sans qu'il l'habite, ils ne sont liés ni d'être ensemble ni de se succéder. « Le cri semble provoquer le silence et s'y abolissant il est sensible qu'il le cause. » « Le sujet n'apparaît plus que comme signifié dans cette béance ouverte. »

Le silence est un nœud entre une entente et l'Autre (qui parle ou pas). Il peut retentir quand le cri le creuse : l'espace enclos de la bouteille de Klein est le « trou du cri ». Dans le tableau de Munch, le personnage au premier plan se bouche les oreilles et a la bouche grande ouverte.

Quoi de mieux que le silence d'un tableau (dissociant le regard de la vision) pour parler du cri ?

On peut, grâce aux commentaires éclairés de Jean-Paul Marcheschi, entendre aussi le silence de la voix dans les tableaux de Piero della Francesca. Ils présentent des personnages hiératiques, impassibles, silencieux, inexpressifs ; leur mise en scène par le peintre évoque le vide, la séparation, la division par le regard, « la déchirure au centre de la vision » et présentifie un lieu Autre de l'écoute au moyen de représentations de la prière, de l'attente, du sommeil. L'analyse de Marcheschi résonne étrangement avec ce que nous avons développé :

« Les figures sont là, si massivement là, et pourtant elles s'absentent. Entre elles aucun sens ne circule. Pas de dialogue ici. Toutes semblent avoir migré vers un lointain inaccessible. Ce qui les lie, avec leur air buté,

66. J. Lacan, *Problèmes cruciaux pour la psychanalyse*, 17 mars 1965, inédit.

Baptême du Christ de Piero della Francesca

c'est leur indifférence. Cet emmurement en elles-mêmes, où tout échange semble interrompu, libère – c'est un autre paradoxe de cet art – un sens inattendu : c'est l'ouïe. Si on peut dire de ces figures qu'elles ne voient rien, qu'elles ne se voient pas, c'est que leur regard semble capté par un objet amuï, insaisissable, loin du visible, qui les retire de la scène où elles se tiennent. Ce qui trouble la vision, c'est l'écoute. L'entrée soudaine d'un son muet dans le lieu de la vue provoque l'étrange dédoublement : là se situe le *second objet*[67]. »

Le nouage entre cris, silence, voix commence à s'opérer dès la naissance. Rappelons que selon Freud c'est par le cri que l'enfant dans sa détresse, ou son désaide *(Hilflösigkeit)*, accède à l'événement de satisfaction, grâce à « l'action spécifique » d'une aide étrangère. La détresse initiale est pour cette raison la source originaire de tous les motifs moraux[68].

Le cri est la limite de la voix. Il arrache la gorge.

C'est encore par le cri qu'à travers la rencontre du prochain *(Nebenmensch)* l'enfant accède à la Chose *(das Ding)*, qui s'impose comme montage constant et représente pour Lacan l'extimité[69] foncière du sujet, que

---

67. J.-P. Marcheschi, *Piero della Francesca. Lieu clair*, Nantes, Art3, 2011, p. 58-59.

68. S. Freud, *Esquisse d'une psychologie*, Toulouse, érès, 2011. Dans son excellent article « Traversée de l'angoisse » (*Psychanalyse*, n° 23, Toulouse, érès, janvier 2012), Nicolas Guérin opte pour la traduction « le désaide » des OCF aux PUF. Il démontre à partir des textes en quoi la conception du désaide de Freud diffère de celle de Lacan. Pour Lacan le désaide « ne se confond pas avec un état de détresse mais est au contraire arrimé à un affect de satisfaction. Il marque un franchissement subjectif où le sujet réalise et consent à sa solitude [...] Dans cette perspective le désaide est conçu comme la fin, "l'expérience dernière" de la tâche analysante et comme la condition de possibilité de la fonction de l'analyste ». Il s'agit du franchissement de l'attente de l'angoisse qui laisse croire à un danger au-delà d'elle, celui de la volonté de jouissance maligne de l'Autre.

69. À savoir ce qui conjoint l'intime à la radicale extériorité du sujet (J. Lacan, *D'un Autre à l'autre, op. cit.*, p. 249).

coloniseront les objets *a*. Le cri renvoie à *das Ding*, le premier étranger en soi[70].

Certains chants atteignent cette limite du cri et de la voix, par exemple le *cante jondo* dont parle si bien Federico Garcia Lorca. « La *siguiriya* gitane [le type le plus pur et parfait du *cante jondo*] commence par un cri terrible, un cri qui divise le paysage en deux hémisphères idéaux. C'est le cri des générations mortes, l'élégie poignante des siècles disparus, c'est la pathétique évocation de l'amour sous d'autres lunes et d'autres vents [...] Puis la voix s'arrête pour laisser place à un silence impressionnant et mesuré. Un silence où fulgure le visage d'iris brûlant qu'a laissé la voix dans le ciel[71]. » Aussi le *cante jondo* se chante-t-il de préférence la nuit.

C'est en se faisant appel qu'ensuite le cri entre dans le circuit de la pulsion invocante. Mais ses racines plongent au cœur des ténèbres du corps, du corps souffrant en détresse mais aussi du corps jouissant, là où lalangue se tisse de jouissance dans ce que Novalis appelait la *Sprachtrieb*, la pulsion de parler pour parler, sans vouloir faire sens ou transmettre un message.

Entre le cri et la voix proprement dite il y a ce temps de passage par le jeu des vocalisations, le babil, le gazouillis, les lallations, le *motherese* ou le *parentese* (car cela ne concerne pas que la mère) où l'enfant joue de la matière sonore pour son plaisir. On sait à quel point la

70. J. Lacan, *L'éthique de la psychanalyse*, Paris, Le Seuil, 1986, p. 68.

71. F. Garcia Lorca, *Œuvres complètes*, t. I, Paris, Gallimard, coll. « La Pléiade », p. 807, 827. Signalé par Cristina Fontana.

qualité des interactions sonores entre le bébé et son parent sont capitales pour son épanouissement futur[72]. En outre, dans le *motherese* et le *parentese* précisément on observe qu'il y a une structure de la parole en écho.

Corps et langue, affects et représentations tissent le corps de lalangue, ou plutôt font consister lalangue comme corps du symbolique. Ce corps a autant de réalité que celui à partir duquel le sujet forme son moi comme reflet de l'image. En ce sens on peut reprendre une expression de Didier Anzieu, celle de « miroir sonore », pour parler de ce moment qui précède le stade du miroir.

Ce n'est que vers 6 ou 7 mois que l'enfant est capable d'imiter les sons qu'il entend et c'est vers 8 ou 10 mois que se produit la première perte vocale, quand l'enfant cherche à adapter ses vocalises à la parole[73]. « Auparavant tout n'est que voix[74]. » Pour prendre la parole il faut accepter un sacrifice de sa voix, d'une part de soi, d'une part de jouissance[75]. En ce sens la voix comme objet *a* est bien un plus-de-jouir.

---

72. Cf. les deux articles de M.-C. Laznik et coll., « Les interactions sonores entre les bébés devenus autistes et leurs parents » et « Les interactions sonores dans le contexte de la recherche sur l'autisme à partir de films familiaux », dans *Au commencement était la voix, op. cit.*, p. 171-189.

73. C. Gillie-Guilbert, « Variations sur la voix des enseignants », dans *Au commencement…, op. cit.*, p. 91.

74. G. Konopczynski, « Les enjeux de la voix », dans *Au commencement…, op. cit.*, p. 35.

75. M. Poizat, cité dans *Au commencement…, op. cit.*, p. 94-95.

Le stade de l'écho serait lié à ce moment de passage du cri à l'appel et à la parole avec la voix comme objet reste, un moment constitutif de la distinction extérieur-intérieur corrélative de toute identification et donc corrélative aussi d'un retournement où il y a un extérieur de l'intérieur. L'écholalie de l'autiste serait la fixation à ce moment qui est aussi structural.

La voix devient un reste qui fuit, insaisissable, dont la pulsion invocante fait le tour. Un reste dont on ne saisit que l'écho, tant sa sonorisation entendue diffère de celle émise et tant il se noue au silence. L'écho manifeste la division du sujet inhérente au lien (le poinçon du fantasme) de celui-ci à la voix.

Même si l'on peut parler avec Fónagy de « style vocal », en aucun cas il n'y a d'identité vocale objectivable, d'empreinte vocale, et sans doute pour la même raison.

Conclusion

La pulsion invocante incarne de façon exemplaire les autres pulsions, qui sont définies comme « l'écho dans le corps du fait qu'il y a un dire », comme je l'ai déjà cité.

À ce titre elle participe au stade du miroir (dans sa version généralisée) et spécialement pour le positionnement de la fonction symbolique de l'idéal du moi, d'où le sujet voit son moi comme aimable. Et pas plus que le stade du miroir n'est un stade du regard puisqu'il consacre la division de la vision et du regard, pas plus le stade de l'écho n'est un stade de la voix puisqu'il marque la séparation de la voix comme objet *a* de sa sonorisation plus ou moins plaisante.

Mais si la pulsion invocante participe du stade du miroir, du fait même de la connexion des objets *a*, il se trouve qu'auparavant, dans le désordre du réel du corps, elle l'excède, le précède, voire s'y oppose.

En effet, si la jubilation accompagne l'assomption de l'unité du moi dans le stade du miroir, c'est plutôt l'étrangeté, le malaise, voire l'effroi, qui accompagne la découverte de l'écho intérieur ou extérieur de sa voix.

L'écho s'éloigne et se perd dans le lointain obscur tandis que l'image se rapproche quand on va vers elle dans la lumière. Aller vers l'image c'est rencontrer l'aliénation du transitivisme, entendre l'écho s'éloigner c'est éprouver la séparation.

Même si un stade de l'écho a lieu *grosso modo* dans les dix premiers mois de la vie, il n'est pas un stade génétique, organique, mais un moment structural qui se répète, où du temps se noue à la surface, selon l'équivoque du mot *stade* qui signifie d'abord le lieu où se disputent les jeux puis (à partir du XIXe siècle) la période d'une évolution. Pour reprendre une expression de Merleau-Ponty, je dirai que c'est un « tourbillon spatialisant-temporalisant [1] ». Si quelque chose de l'origine est bien impliqué dans la notion de stade il s'agit d'une « origine tourbillonnaire », selon cette fois l'expression de Walter Benjamin [2]. Le tourbillon est le tour d'un trou, c'est aussi un « troubillon », sinon un trublion. Un trou que Lacan a cerné avec le trou « inviolable » du nœud borroméen [3].

Dans *Lila*, Alain Didier-Weill parle du temps « anhistorique de la pulsion invocante », elle serait « en quelque sorte, la matrice sur laquelle pourraient ultérieurement se greffer les pulsions sexuelles partielles [4] ».

« Origine tourbillonnaire » est un oxymore car le tourbillon est un trou où se perd l'origine, où celle-ci est engloutie dans *l'oris-gyne*, la parole de la mère, lalangue. Le tourbillon engloutit et recrache. Ce qu'il recrache peut être un nom, un nom du père comme le dit Lacan dans son séminaire *RSI*.

---

1. M. Merleau-Ponty, *Le visible et l'invisible,* Paris, Gallimard, 1964, p. 298.
2. W. Benjamin, *Origine du drame baroque allemand,* Paris, Flammarion, 1985, p. 56 : « L'origine est un tourbillon dans le fleuve du devenir. »
3. J. Lacan, *RSI,* 15 avril 1975, inédit.
4. A. Didier-Weill, *Lila et la lumière de Vermeer*, Paris, Denoël, 2003, p. 88 et 91.

En ce qui concerne l'origine impliquée dans le stade de l'écho, il s'agirait plutôt de celle du sujet (celui issu du *cogito,* comme le rappelle Lacan), d'un sujet « d'avant toute nomination [5] », du sujet dans le réel, du sujet du nœud qui enserre sa place vide.

Le stade de l'écho serait le bord tourbillonnaire du silence du sujet, son seul signifié dans la béance ouverte par la pulsion invocante, béance qui a la structure spatialisée-temporalisée d'une bouteille de Klein.

Le sujet, ne l'oublions pas, est à situer dans le réel. Le sujet comme effet de signification est réponse du réel [6]. Réponse au signifiant qui surgit à la « frange » du réel et du symbolique, tel celui de « la paix du soir [7] », où tout à coup nous ne savons plus si le signifiant provient du dedans de nous ou du dehors de la nature, où tout à coup nous écoutons le silence (celui de *silere*).

Dans ce moment-là, on peut dire avec Roland Barthes que « l'homme serait comme un bruit de la nature (au sens cybernétique), une caco-phonie ». Mais aussitôt il pose la question : « Mais toujours la même aporie : pour dire cette cacophonie j'ai besoin d'un cours [8]. »

Dire le silence c'est aussi le perdre, comme Orphée son Euridyce.

Dans sa pratique l'analyste se porte à ces confins et c'est ainsi qu'il vit la pulsion invocante.

---

5. J. Lacan, *L'identification*, 10 janvier 1962, inédit.
6. J. Lacan, *Les psychoses,* Paris, Le Seuil, p. 157, 211 et « L'étourdit », dans *Autres écrits*, Paris, Le Seuil, 2001, p. 459.
7. J. Lacan, *Les psychoses, op. cit.*, p. 157. Cf. premier chapitre.
8. R. Barthes, *Le neutre,* Paris, Le Seuil-IMAC, 2002, p. 58.

Table des matières

Collection « érès poche – psychanalyse »

Marie-José Del Volgo
L'instant de dire
Le mythe individuel du malade dans la médecine moderne

Ophélia Avron
La pensée scénique
Groupe et psychodrame

Marcel Czermak
Patronymies
Considérations cliniques sur les psychoses

Joël Dor
Le père et sa fonction en psychanalyse

Jean-Pierre Lebrun
Un monde sans limite
Suivi de *Malaise dans la subjectivation*

Jacques Hassoun
Les contrebandiers de la mémoire

Michèle Benhaïm
L'ambivalence de la mère

Jean-Jacques Rassial
Le passage adolescent

Antonino Ferro
L'enfant et le psychanalyste

Sous la direction de
Thierry Vincent
Soigner les anorexies graves
La jeune fille et la mort

Gérard Pommier
La névrose infantile de la psychanalyse

Serge Lesourd
Adolescences... rencontre du féminin

LES INÉDITS

Charles Melman
Une enquête de Lacan

Charles Melman
Nouvelles études sur l'hystérie

Jean-Michel Fourcade
Les patients-limites
Psychanalyse intégrative et psychothérapies

Charles Melman
Problèmes posés à la psychanalyse

Nestor A. Braunstein, Sigmund Freud, Jacques Nassif
Psychanalyse ou morale sexuelle : un dilemme centenaire

Achevé d'imprimer
G.N. Impressions – 31340 Villematier
Email : gnimpressions@wanadoo.fr
Dépôt légal : novembre 2012
Imprimé en France